Kauderwelsch
Band 168

AF239135

Impressum

Michael Korotkow
Tadschikisch – Wort für Wort
erschienen im
REISE KNOW-HOW Verlag Peter Rump GmbH
Osnabrücker Str. 79, D-33649 Bielefeld
info@reise-know-how.de

Bearbeitung & Layout	Claudia Schmidt
Layout-Konzept	Günter Pawlak, FaktorZwo! Bielefeld
Umschlag	Peter Rump (Titelfoto: Annette Brandstäter, www.jakota.de)
Kartographie	Iain Macneish
Fotos	Firdaus Shukurow
Druck und Bindung	Wilhelm & Adam, Heusenstamm; Buchbinderei Keller, Fulda

ISBN 3-89416-347-X
Printed in Germany

Dieses Buch ist erhältlich in jeder Buchhandlung der BRD,
Österreichs, der Schweiz und der Benelux. Bitte informieren
Sie Ihren Buchhändler über folgende Bezugsadressen:

BRD Prolit GmbH, Postfach 9, 35461 Fernwald (Annerod)
sowie alle Barsortimente

Schweiz AVA-buch 2000, Postfach 27, CH-8910 Affoltern

Österreich Mohr Morawa Buchvertrieb GmbH,
Sulzengasse 2, A-1230 Wien

Belgien & Niederlande Willems Adventure, Postbus 403, NL-3140 AK Maassluis
direkt Wer im Buchhandel kein Glück hat, bekommt unsere Bücher
zuzüglich Porto- und Verpackungskosten auch direkt beim
Verlag oder über unseren Internet-Shop:
http://www.reise-know-how.de
Zu diesem Buch ist ein **Tonträger** erhältlich, ebenfalls in
jeder Buchhandlung der BRD, Österreichs, der Schweiz und
der Beneluxländer.
Der Verlag möchte die **Reihe Kauderwelsch**
weiter ausbauen und **sucht Autoren!**
Mehr Informationen finden Sie auf unserer Internetseite
www.reise-know-how.de/buecher/special/
schreiblust-inhalt.html

Kauderwelsch

Michael Korotkow

Tadschikisch

Wort für Wort

REISE KNOW-HOW
im Internet
www.reise-know-how.de
info@reise-know-how.de

*Aktuelle Reisetipps
und Neuigkeiten,
Ergänzungen nach
Redaktionsschluss,
Büchershop und
Sonderangebote
rund ums Reisen*

Die
REISE KNOW-HOW Verlag
Peter Rump GmbH
ist Mitglied der
Verlagsgruppe REISE KNOW-HOW

Kauderwelsch-Sprechführer sind anders!

Warum? Weil sie Sie in die Lage versetzen, wirklich zu sprechen und die Leute zu verstehen.

Wie wird das gemacht? Abgesehen von dem, was jedes Sprachbuch bietet, nämlich Vokabeln, Beispielsätze etc., zeichnen sich die Bände der Kauderwelsch-Reihe durch folgende Besonderheiten aus:

Die **Grammatik** wird in einfacher Sprache so weit erklärt, dass es möglich wird, ohne viel Paukerei mit dem Sprechen zu beginnen, wenn auch nicht gerade druckreif.

Alle Beispielsätze werden doppelt ins Deutsche übertragen: zum einen **Wort-für-Wort**, zum anderen in „ordentliches" Hochdeutsch. So wird das fremde Sprachsystem sehr gut durchschaubar. Denn in einer fremden Sprache unterscheiden sich z. B. Satzbau und Ausdrucksweise recht stark vom Deutschen. Ohne diese Übersetzungsart ist es so gut wie unmöglich, schnell einzelne Wörter in einem Satz auszutauschen.

Die **Autorinnen** und **Autoren** der Reihe sind Globetrotter, die die Sprache im Land selbst gelernt haben. Sie wissen daher genau, wie und was die Leute auf der Straße sprechen. Deren Ausdrucksweise ist nämlich häufig viel einfacher und direkter als z. B. die Sprache der Literatur oder des Fernsehens.

Besonders wichtig sind im Reiseland **Körpersprache, Gesten, Zeichen** und **Verhaltensregeln**, ohne die auch Sprachkundige kaum mit Menschen in guten Kontakt kommen. In allen Bänden der Kauderwelsch-Reihe wird darum besonders auf diese Art der nonverbalen Kommunikation eingegangen.

Kauderwelsch-Sprechführer sind keine Lehrbücher, aber viel mehr als Sprachführer! Wenn Sie ein wenig Zeit investieren und einige Vokabeln lernen, werden Sie mit ihrer Hilfe in kürzester Zeit schon Informationen bekommen und Erfahrungen machen, die „taubstummen" Reisenden verborgen bleiben.

Inhalt

Grammatik

Konversation

Anhang

Vorwort

Die Republik Tadschikistan, seit dem 9. September 1991 unabhängig, ist für europäische Touristen ein eher außergewöhnliches Reiseziel. Es ist ein Hochgebirgsland (63 %) mit waldlosen Gebirgsketten und den höchsten Bergen (bis ca. 7500 m) der GUS, es umfasst das wüstenhaft anmutende Pamir-Hochland mit trockenem und kaltem Klima, deren Talflächen zwischen 3500 und 4500 m hoch gelegen sind, bis hin zu ewigem Eis und gewaltigen Gletschern. Tadschikistan hat über 6 Mio. Einwohner, von denen alleine 1 Mio. in der Hauptstadt Duschanbe leben. Die Bevölkerung besteht zum größten Teil aus iranischen Tadschiken, Usbeken, Badachschanen und Kirgisen. Der größte Teil der Einwohner bekennt sich zum Islam. Typisch sind die entlang der Flüsse oder Bewässerungsanlagen gelegenen langgestreckten Dörfer.

Tadschiken leben aber auch über die Landesgrenzen hinaus u. a. in Usbekistan, Afghanistan, Turkmenistan, Kirgisien, China, im Iran usw., die alle hocherfreut sein werden, in ihrer Muttersprache angesprochen zu werden.

Bei Ihren Bemühungen, die tadschikische Sprache zu entdecken, wünsche ich Ihnen viel Erfolg!

Michael Korotkow

Hinweise zur Benutzung

Der Kauderwelsch-Band „Tadschikisch" ist in die Abschnitte „Grammatik", „Konversation" und „Wörterliste" gegliedert:

Die **Grammatik** beschränkt sich auf das Wesentliche und ist so einfach gehalten wie möglich. Deshalb sind auch nicht sämtliche Ausnahmen und Unregelmäßigkeiten der Sprache erklärt.

In der **Konversation** finden Sie Sätze aus dem Alltagsgespräch, die Ihnen einen ersten Eindruck davon vermitteln sollen, wie Tadschikisch „funktioniert", und die Sie auf das vorbereiten sollen, was Sie später in Tadschikistan hören werden.

Jede Sprache hat ein typisches Satzbaumuster. Um die sich vom Deutschen unterscheidende Wortfolge der tadschikischen Sätze zu verstehen, ist die **Wort-für-Wort-Übersetzung** in kursiver Schrift gedacht. Wird *ein* tadschikisches Wort im Deutschen durch *zwei* Wörter übersetzt, werden diese in der Wort-für-Wort-Übersetzung mit einem Bindestrich verbunden.

Durch einen Schrägstrich werden alternative Varianten gekennzeichnet, von denen man sich die gewünschte aussuchen kann.

Man waqt/bilet dor-am.
ich Zeit/Fahrkarte habe-ich
Ich habe Zeit/eine Fahrkarte.

Mit Hilfe der Wort-für-Wort-Übersetzung können Sie bald eigene Sätze bilden. Sie können die Beispielsätze als Fundus von Satzschablonen und -mustern benutzen, die Sie Ihren eigenen Bedürfnissen anpassen. Um Ihnen das zu erleichtern, ist ein Teil der Beispielsätze nach allgemeinen Kriterien geordnet.

Die **Wörterlisten** am Ende des Buches enthalten einen Grundwortschatz von je ca. 1000 Wörtern „Deutsch – Tadschikisch" und „Tadschikisch – Deutsch", mit denen man schon eine ganze Menge anfangen kann.

Die **Umschlagklappe** hilft, die wichtigsten Sätze und Formulierungen stets parat zu haben. Aufgeklappt ist der Umschlag eine wesentliche Erleichterung, da nun die gewünschte Satzkonstruktion mit dem entsprechenden Vokabular aus den einzelnen Kapiteln kombiniert werden kann.

Das Kapitel „Nichts verstanden ? – Weiterlernen!" befindet sich im Umschlag, stets bereit, mit der richtigen Formulierung für z. B. „Ich habe leider nicht verstanden" oder „Wie bitte?" auszuhelfen.

Abkürzungen

Ez	Einzahl (Singular)
Mz	Mehrzahl (Plural)
IZ	„Izofat", die Verbindungspartikel -i, verbindet Haupt- und Eigenschaftswörter
Akk	Objektpartikel -ro, versetzt Hauptwörter in die Eigenschaft einer Satzergänzung (ähnlich dem deutschen Akkusativ/4. Fall)
IV	Infinitiv-/Vergangenheitsstamm von Verben
G	Gegenwartsstamm von Verben
ME	Vorsilbe me- bei Zeitformen: me- drückt aus, dass eine Handlung ständig, oft oder gerade jetzt vor sich geht
BI	Vorsilbe (teilw. optional) bei Befehlsformen
?	Fragepartikel mit der Funktion, einen Satz zur Frage zu machen

Seitenzahlen

Auf jeder Seite wird die Seitenzahl auch auf Tadschikisch (in Lautschrift) angegeben!

Über die Sprache Tadschikisch

Die tadschikische Sprache (zaboni todshiki) gehört zur iranischen Gruppe der indoeuropäischen Sprachfamilie. Noch heute kann man im Deutschen und im Tadschikischen viele ähnliche Wörter finden: barodar (Bruder), modar (Mutter), duchtar (Tochter), padar (Vater), naw (neu), nüh (neun), tu (du), ne (nein).

Das tadschikische Volk hat jahrhundertealte kulturelle Traditionen, die tadschikische Literatur hat der Welt viele Klassiker geschenkt, z. B. A. Donisch, S. Aini, A. Lohuti, R. Dschalil, M. Tursunsoda.

Die Sprachen der iranischen Gruppe werden in Tadschikistan, Iran und Afghanistan (teilweise auch in der Türkei und Russland) gesprochen. Im Norden und Westen sind sie von Turksprachen und im Süden und Osten von indischen Sprachen umgeben. Zur iranischen Gruppe gehören auch Persisch, Dari, Kurdisch, Paschto und viele andere kleinere Sprachen. Tadschikisch und Persisch sind besonders eng verwandt, vor 400 Jahren war es dieselbe Sprache. Wenn Sie die persische Sprache beherrschen, werden Sie ohne großen Aufwand auch Tadschikisch erlernen.

Schrift & Alphabet

Die tadschikische (genauer gesagt: persisch-tadschikische) Schrift auf Basis der arabischen Schrift entstand im 9. Jahrhundert. 1928 wurde das persische Alphabet durch das lateinische abgelöst und im Jahre 1942 das heutige Alphabet auf kyrillischer Grundlage geschaffen. Das tadschikische kyrillische Alphabet kennt alle 33 russischen Buchstaben und darüber hinaus weitere sechs neue Zeichen (г, ӣ, қ, ӯ, х, ҷ).

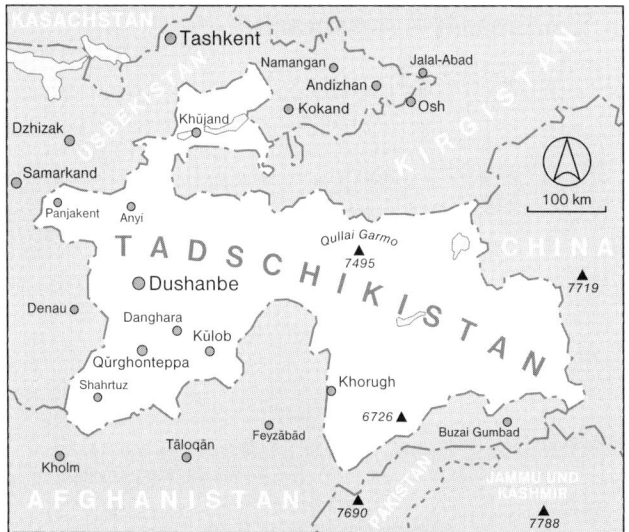

А а	**a**	М м	**m**	Щ щ	**schtsch**
Б б	**b**	Н н	**n**	ъ	**'**
В в	**w**	О о	**o**	Ы ы	**y**
Г г	**g**	П п	**p**	ь	**-**
Д д	**d**	Р р	**r**	Э з	**e**
Е е	**e, je**	С с	**s**	Ю ю	**ju**
Ё ё	**jo**	Т т	**t**	Я я	**ja**
Ж ж	**sh**	У у	**u**	Ғ ғ	**gh**
З з	**z**	Ф ф	**f**	Й й	**i**
И и	**i**	Х х	**ch**	Қ қ	**q**
Й й	**j**	Ц ц	**ts**	Ӯ ӯ	**ü**
К к	**k**	Ч ч	**tsch**	Ҳ ҳ	**h**
Л л	**l**	Ш ш	**sch**	Ҷ ҷ	**dsh**

Die Buchstaben ц und щ findet man sehr selten und nur in russischen Lehn- wörtern, ebenso ы (in der Lautschrift y), der auch für Tadschiken schwierig auszusprechen ist. Die meisten sprechen ihn als „i" aus. Sprechen Sie ihn auch als „i".

Lautschrift & Aussprache

Die Lautschrift orientiert sich an der deutschen Aussprache. Im Folgenden werden nur diejenigen Lautschriftzeichen aufgeführt, deren Aussprache nicht eindeutig ist.

ch	raues „ch" wie in „Ba**ch**" (niemals wie in „i**ch**") **chona** (Haus, Zimmer)
dsh	„dsch" wie in „**Dsch**ungel" **pandsh** (fünf)
e	ein Laut, der zwischen „e" wie in „B**ee**t" und „ä" wie in „B**ä**r" liegt **se** (drei)
gh	wie „r" in „**R**asen", aber ohne Vibration, tief im Rachen gesprochen **gharb** (Westen)
h	„h" wie in „**h**aben", ist zwischen Selbstlauten auch deutlich hörbar **bahor** (Frühling)
j	wie „j" in „**J**ahr" **jak** (eins)
ng	nicht wie in „si**ng**en, sondern getrennt („n+g") wie in „a**ng**enehm" **angur** (Weintrauben)
o	langes, offenes „o" wie in engl. „m**or**ning" (nicht wie in „S**o**hn") **noma** (Brief)
q	wie „k" in „**K**ralle", aber tiefer im Rachen ausgesprochen **qischloq** (Dorf)

r	gerolltes Zungenspitzen-r **abrü** (Braue)	
s	stimmloses „s" wie in „Wa**ss**er", auch vor „p" und „t"! **safed** (weiß), **sport** (Sport), **student** (Student)	
sh	wie „j" in „**J**ournalist" oder „g" in „Eta**g**e" **shurnal** (Zeitschrift)	
z	stimmhaftes „s" wie in „**S**onne" **zan** (Frau)	
'	Ein leichter Knacklaut (Stimmabsatz), den man im Deutschen auch kennt, z. B. im Wort „Zahn'arzt". Der Knacklaut kann auch am Ende einer Silbe auftreten. **man'** (Verbot)	

*Die Selbstlaute e, o, ü sind immer lang wie in „B**ä**r", „m**o**rgen" und „**ü**ber"; a, i, u sind immer kurz wie in „**a**cht", „**i**n", „**u**nd", und wenn sie unbetont sind, werden sie noch kürzer ausgesprochen.*

Aussprache der Mitlaute

Das Tadschikische kennt im Gegensatz zum Deutschen lange Mitlaute. Bei deren Aussprache verharren die Zunge oder die Lippen eine längere Zeit in der Stellung, die für diesen Laut charakteristisch ist. Im tadschikischen Wort albatta (natürlich) bleibt die Zunge z. B. etwa doppelt so lange in der t-Stellung als im deutschen Wort „Mutter". Man erhält einen Eindruck davon, wenn in den folgenden zusammengesetzten Wörtern die Fugen besonders deutlich gesprochen werden: „Rückkehr, Zollliste, Schwimmmeister, Rennnummer, Klapppult, Wettturnen".

Alle stimmhaften Mitlaute sind auch am Wortende stimmhaft (wie im Englischen und Französischen). So werden z. B. pandsh, safed, gharb nicht wie „pantsch, safet, gharp" ausgesprochen.

Andererseits gibt es im Tadschikischen „schwache" Lagen für einige Mitlaute. So werden d, t, h am Wortende oft nicht gesprochen. Beispielsweise werden dast (Hand), tschand (wie viel) und nüh (neun), wie „das, tschan, nü" ausgesprochen. Um das zu erkennen, werden die betreffenden Buchstaben eingeklammert: das(t), tschan(d), nü(h). Die in den Klammern stehenden Laute sprechen Sie nur bei einer sehr sorgfältigen Aussprache.

Doppellaute (Diphtonge)

Im Tadschikischen gibt es keine Doppellaute wie die deutschen „ei", „eu", „au". Alle Selbstlaute müssen für sich alleine ausgesprochen werden. So spricht man z. B. im Wort zaif (schwach) die Selbstlaute a und i nacheinander wie in „n<u>ai</u>v" aus, nicht zusammengezogen wie in „S<u>ai</u>te"! Auch das Wort oila muss man wie „<u>o</u>-ila, nicht wie in „B<u>oy</u>kott" aussprechen.

Betonung

In der Regel werden Wörter auf der letzten Silbe betont. In Ausnahmefällen ist der betonte Selbstlaut unterstrichen:

Einige Verbformen haben zwei Betonungen.

safed	weiß
chona	Haus, Zimmer
chonaje	ein Haus/Zimmer
m<u>ä</u>chon<u>a</u>m	(ich) lese

Wörter, die weiterhelfen

Manchmal braucht man in der Fremde nur ein paar Schlüsselwörter und Satzbaupläne, die einem helfen, sich zurechtzufinden. In den folgenden Sätzen kann man die „Lücken" durch sinnvolle Wörter aus den Wörterlisten ersetzen, ohne diese zu verändern.

doruchona eine Apotheke	**Schumo ... dor-ed?** *ihr ... habt-ihr* Haben Sie ...?
bank eine Bank	
non ein Brot	**In-dsho ... hast(-mi)?** *hier ... ist(-?)* Gibt es hier ...?
awtobus ein Bus	
in das da	
taom Essen	**Ha, hast.** *ja, ist* Ja, gibt es.
bilet eine Fahrkarte	
magazin ein Geschäft	**Ne, nest.** *nein, nicht-ist* Nein, gibt es nicht.
mehmonchona ein Hotel	
kasalchona ein Krankenhaus	**... dar kudsho ast?** *... in wo ist* Wo ist ...?
potschta eine Post	
telefon ein Telefon	**Ba man ... lozim ast.** *zu ich ... nötig ist* Ich brauche ...
chona ein Zimmer	

Hauptwörter

Im Tadschikischen erhalten Hauptwörter (Substantive) keine Fallendungen wie im Deutschen (z. B. „des Bruders") oder verändern ihren Stamm (z. B. „Haus/Häuser").

Artikel

Es gibt keine bestimmten Artikel („der, die, das"), sondern nur den unbestimmten Artikel („ein, eine"), der für alle Hauptwörter gleich ist und durch die unbetonte Endung -e, -je ausgedrückt wird:

Beachten Sie:
Der Gebrauch von „ein/e" im Deutschen und von -e/-je im Tadschikischen ist nicht immer identisch!

kitob	kit<u>o</u>b-e	chona	chon<u>a</u>-je
Buch	ein Buch	Haus	ein Haus

grammatisches & natürliches Geschlecht

Hauptwörter, die „unbelebte" Gegenstände oder Abstrakta bezeichnen, haben im Tadschikischen kein grammatisches Geschlecht (männlich/weiblich/sächlich). Jedoch wird bei Hauptwörtern, die Lebewesen (Menschen/ Tiere) bezeichnen, das natürliche Geschlecht gekennzeichnet, indem für weibliche Lebewesen entweder die Endung -a an die männliche Bezeichnung angefügt wird oder aber die Bezeichnung eine ganz andere ist, z. B.:

muallim	Lehrer	muallima	Lehrerin
talaba	Schüler	toliba	Schülerin
barzagow	Bulle	gow	Kuh
churüs	Hahn	murgh	Huhn
güsfan(d)	Hammel	mesch	Schaf
duchtur	Arzt	duchturzan	Ärztin

gurban nar Kater	**gurban moda** Katze
Katze Männchen	*Katze Weibchen*
sag-i nar Rüde	**sag-i moda** Hündin
Hund-IZ Männchen	*Hund-IZ Weibchen*

Zur Mehrzahlbildung werden -ho oder -on (nach Selbstlauten -gon/-jon/-won) angehängt:

Mehrzahl

duchtar Mädchen	**duchtar-ho,** die
	duchtar-on Mädchen
odam Mensch	**odam-ho** Menschen
talaba Schüler	**talaba-gon** die Schüler

Die Endung -on bzw. -gon/-jon/-won nach Selbstlauten wird hauptsächlich für Lebewesen (Menschen/Tiere) benutzt. Die Endungen -ho/-on etc. werden in der Wort-für Wort-Übersetzung durch das Kürzel „Mz" (Mehrzahl) dargestellt.

Oft kommt man ohne die Mehrzahlendungen aus, da die Mehrzahl oft schon aus dem Sinnzusammenhang erkannt wird. Das ist immer dann der Fall, wenn vor dem Hauptwort eine Zahl oder eine andere Mengenangabe steht.

Übrigens: Im Gegensatz zum Deutschen kann der unbestimmte Artikel -e/-je (ein/e) auch in der Mehrzahl gebraucht werden:

odam-ho-je   irgendwelche Menschen

Die Mehrzahlendungen werden im Folgenden immer mit Bindestrich geschrieben, damit man sie leichter als solche erkennen kann. Im Kyrillischen werden sie nicht geschrieben.

pandsh kitob	**jaktschan(d) daqiqa**
fünf Buch	*einige Minute*
fünf Bücher	einige Minuten

Dieses & Jenes

Die hinweisenden Fürwörter (Demonstrativpronomen) stehen immer vor dem Hauptwort, auf das sie sich beziehen. Sie sind unveränderlich, es gibt also keine Mehrzahlformen und keine Fälle.

in	dieser, diese
on	jener, jene
hamin, hamon	derselbe, dieselbe

in duchtar
dieses Mädchen

in duchtar-ho
diese Mädchen

on zan
jene Frau

on zan-on
jene Frauen

hamin sol
dasselbe Jahr

hamin sol-ho
dieselben Jahre

Persönliche Fürwörter

Die persönlichen Fürwörter (Personalpronomen) braucht man im Tadschikischen anders als im Deutschen nicht zusammen mit dem gebeugten Verb zu nennen, da am tadschikischen Verb die handelnde Person eindeutig zu erkennen ist. Man verwendet sie in erster Linie, um die handelnde Person zu betonen.

man	ich	**mo**	wir
tu	du	**schumo**	ihr; Sie
ü *od.* **waj**	er, sie, es	**onho**	sie

Man ne, balki tu.
ich nicht, aber du
Nicht ich, aber du.

Da die tadschikische Sprache kein grammatisches Geschlecht kennt, bedeuten die persönliche Fürwörter ü und waj entweder „er", „sie" oder „es". Für die höfliche Anrede wird schumo (ihr) verwendet. Das bedeutet selbstverständlich, dass das zugehörige Verb (Tätigkeitswort) ebenfalls in der 2. Person Mehrzahl gebeugt wird.

Persönliche Fürwörter haben, ebenso wie Hauptwörter, keine Fälle und sind unveränderlich. Um „mich, mir, dich, dir" etc. auszudrücken, werden Verhältniswörter vorangestellt.

ba tu	**tu-ro**	**az tu**
zu du	*du-AKK*	*von du*
dir	dich	von dir

ba ü	**ü-ro**	**az ü**
zu er	*er-AKK*	*von er*
ihm	ihn	von ihm

Wenn sich jedoch dem Fürwort man (ich) das Verhältniswort -ro anschließt, verliert man sein -n. „Mich" heißt also ma-ro.

Besitzanzeigende Konstruktionen

Um im Tadschikischen den deutschen Wesfall (Genitiv) auszudrücken, wird (auch in anderen iranischen Sprachen) eine Partikel benutzt, die Izofat heißt. Es handelt sich hier um das unscheinbar aussehende i. Dieses i ist das Universalmittel für zusammengesetzte Hauptwörter, die auf die Fragen „wessen?, welcher?, der Wievielte?" antworten. Es ist auch immer dort anzutreffen, wo ein Hauptwort mit einem Eigenschaftswort, besitzanzeigenden Fürwort oder mit Ordnungszahlen zusammengesetzt wird. Das Izofat kann man mit dem Artikel des Wesfalls („des, der") oder mit dem Verhältniswort „von" vergleichen, auch wenn es sich weder um einen Artikel noch um ein Verhältniswort handelt:

In der tadschikischen Schreibart wird das Izofat zusammen mit dem zu definierenden Hauptwort geschrieben. In der hier verwendeten Lautschrift wird es mit einem Bindestrich geschrieben. Das Izofat wird in der Wort-für-Wort-Übersetzung mit „IZ" abgekürzt.

chon̯a-i düst
Haus-IZ Freund
Haus des Freundes

sche̯'r-i Gjote
Gedicht-IZ Goethe
Gedicht von Goethe

mein & dein

Die persönlichen Fürwörter sind unveränderlich, das bedeutet, dass sie auch keinen Wesfall haben. Aber es gibt zwei Möglichkeiten, die besitzanzeigenden Fürwörter („mein, dein, sein" usw.) auszudrücken.

Die erste Möglichkeit ist eine Konstruktion mit dem Izofat, also dem i:

modar-i man	düst-i tu	kischwar-i mo
Mutter-IZ ich	*Freund-IZ du*	*Land-IZ wir*
meine Mutter	dein Freund	unser Land

Wenn im deutschen Satz das besitzanzeigende Fürwort ohne Hauptwort benutzt wird (substantivischer Gebrauch), steht im Tadschikischen das Hauptwort mol (Besitz) mit dem Izofat vor dem persönlichen Fürwort:

Das persönliche Fürwort wird in der Wort-für-Wort-Übersetzung exakt als solches und nicht als besitzanzeigendes Fürwort übersetzt. Durch die Wortstellung und die Konstruktion mit dem Izofat bekommt es die besitzanzeigende Funktion.

In schlapa mol-i man ast.
dieser Hut Besitz-IZ ich ist
Dieser Hut ist meiner.

Als zweite Möglichkeit gibt es unbetonte besitzanzeigende Endungen:

-am	mein/e	-amon	unser/e
-at	dein/e	-aton	euer/e, Ihr/e
-asch	sein/e, ihr/e	-aschon	ihr/e

modar-am	düst-at	kischwar-amon
Mutter-meine	*Freund-dein*	*Land-unser*
meine Mutter	dein Freund	unser Land

Nach den Hauptwörtern, die auf einen Selbstlaut enden (auch in der Mehrzahl nach -ho), steht aussprachebedingt ein -j- zwischen dem Stamm und der besitzanzeigenden Endung.

chona-jam	kitob-ho-jam
Haus-mein	*Buch-Mz-mein*
mein Haus	meine Bücher

Eigenschaftswörter

Die Eigenschaftswörter haben keine Fälle, kein grammatisches Geschlecht und keine Mehrzahl. Wenn sie mit Haupwörtern verbunden werden, sind sie dem Hauptwort nachgestellt und werden durch die Partikel i (Izofat) verbunden.

duchtar-i zebo
Mädchen-IZ schön
das schöne Mädchen

schahr-i kalon
Stadt-IZ groß
die große Stadt

non-i safed
Brot-IZ weiß
das Weißbrot

kostjum-i naw
Anzug-IZ neu
der neue Anzug

Wenn das Hauptwort in der Mehrzahl steht, ändert sich nichts am Eigenschaftswort:

duchtar-ho-i zebo
Mädchen-Mz-IZ schön
die schönen Mädchen

schahr-ho-i kalon
Stadt-Mz-IZ groß
die großen Städte

Wenn ein Hauptwort zwei oder drei Eigenschaftswörter hat, verbinden sich diese Eigenschaftswörter auch durch die Partikel i:

qolin-i naw-i zebo
Teppich-IZ neu-IZ schön
der neue, schöne Teppich

Der unbestimmte Artikel -e und die Postposition -ro stehen am Ende dieser Wortgruppen:

kitob-i naw-i adshojb-e
Buch-IZ neu-IZ interessant-ein
ein neues, interessantes Buch

Man in galstuk-i naw-i sijoh-ro char-am.

ich dieser Schlips-IZ neu-IZ schwarz-AKK kaufte-ich

Ich habe diesen neuen, schwarzen Schlips gekauft.

safed	weiß	**nili**	blau	**Farben**
zard	gelb	**sabz**	grün	
norandshi	orange	**chokistari**	grau	
surch	rot	**alo**	bunt	
bunafsch, nofarmon	violett	**dortschini, qahwarang**	braun	
gulobi	rosa	**sijoh**	schwarz	

Steigern & Vergleichen

Eigenschaftswörter können mit Hilfe von Endungen und Wörtern, die eine Steigerung ausdrücken, gesteigert werden.

Die 1. Steigerungsstufe (Komparativ) wird **steigern**
gebildet, indem man die Endung -tar an das entsprechende Eigenschaftswort anfügt. Diese Form ist auch unveränderlich (keine Fälle, kein grammatisches Geschlecht, keine Mehrzahl).

Der Bindestrich wird im Kyrillischen nicht geschrieben, er ist hier nur der Deutlichkeit wegen ergänzt.

schahr-i kalon	**schahr-i kalon-tar**
Stadt-IZ groß	*Stadt-IZ größ-er*
die große Stadt	die größere Stadt

In der 2. Steigerungsstufe (Superlativ) erhält das Eigenschaftswort die Endung -tarin.

kalon-tarin	arzon-tarin
der/die/das größte	der/die/das billigste

Das Eigenschaftswort chub (gut) hat unregelmäßige Steigerungsformen:

chub	behtar	behtarin
gut	besser	der/die/das beste

vergleichen Zwei in ihrer Eigenschaft gleiche Hauptwörter werden verglichen, indem sie mit wa
(und) verbunden werden, barobar (gleich) wird
nachgestellt, es folgt das Eigenschaftswort
mit der Endung -an(d) („sind"):

Muzaffar wa Muhammad barobar bal<u>a</u>nd-an(d).
Musaffar und Muhammad gleich hoch-sind
Musaffar ist (genauso) groß wie Muhammad.

Zwei in ihrer Eigenschaft unterschiedliche
Hauptwörter werden verglichen, indem beide
Hauptwörter nebeneinander gestellt werden
und das Eigenschaftswort nachgestellt ist. Vor
Die Lautschrift gibt dem 1. Hauptwort stehen die Worten nazar ba
bei Duschambe *den* (verglichen mit), das Eigenschaftswort erhält
tatsächlichen Laut- die Endung -tar (d. h. die Endung der 1. Stei-
wert wieder: Durch gerungsstufe):
*Lautassimilation
wird „-nb-" und*
„-np-" oft wie **Nazar ba Duschambe Berlin kalon-tar ast.**
-mb- *bzw.* -np- *verglichen mit Duschanbe Berlin größ-er ist*
ausgesprochen. Berlin ist größer als Duschanbe.

Verben & Zeiten

Das Verb im literarischen Tadschikisch ist äußerst formenreich. Allein in der Wirklichkeitsform (Indikativ) gibt es 11 Zeitformen. Wir beschränken uns in diesem Buch auf die drei wichtigsten, die in einem einfachen Gespräch notwendig sind.

Grundform regelmäßiger Verben

Die Grundform (Infinitiv) der tadschikischen Verben besteht aus einem Stamm, der immer auf -t oder -d endet, und der Endung -an. In dieser Form werden die Verben auch in Wörterlisten und -büchern angegeben. Dieser Infinitivstamm ist übrigens identisch mit dem Vergangenheitsstamm!

raft-an	kard-an	nüschid-an
gehen	machen	trinken

das Verb „hastam" (sein)

Das tadschikische Verb hastam (sein) ist unregelmäßig. Das deutsche Verb „sein" kann zwei Funktionen haben, einmal als Vollverb („ich bin Tourist") und auch als Hilfsverb („ich bin gekommen"). Das Verb hastam hat auch diese beiden Funktionen, aber hier werden wir es nur als Vollverb benutzen. Zusammengesetzte Verbformen, in denen hastam Hilfsverb ist, benutzt man in der Umgangssprache nicht.

Es gibt zwei Beugungsvarianten für hastam: die so genannte „volle" und die „kurze". Für die erste wird hastam gebeugt, indem an den Stamm hast- die Personalendungen angehängt werden:

hasted/hasteton
sind gleichberechtigte
Varianten, wobei
hasted *gebräuch-*
licher ist.

hast-am	ich bin
hast-i	du bist
hast	er/sie/es ist
hast-em	wir sind
hast-ed/hast-eton	ihr seid, Sie sind
hast-an(d)	sie sind

Gebeugte
Verbformen stehen
immer am Satzende.

man student hastam   **mo student hastem**
ich Student bin   *wir Student sind*
ich bin Student   wir sind Studenten

schumo student hasted
ihr Student seid
ihr seid Studenten, Sie sind Student

Die kurze Variante wird viel seltener gebraucht, aber man sollte sie trotzdem kennen. Diese Variante besteht nur aus den Beugungsendungen, die direkt an die Satzergänzung (hier: student) angehängt werden. Auch hier ist das persönliche Fürwort nicht zwingend notwendig. Die Beugungsendungen unterscheiden sich nur in der 3. Person Einzahl durch die zusätzliche Endung -ast.

man student-am   **mo student-em**
ich Student-bin   *wir Student-sind*
ich bin Student   wir sind Studenten

(man) ...-am	ich bin
(tu) ...-i	du bist
(ü/waj) ...-ast	er/sie/es ist
(mo) ...-em	wir sind
(schumo) ...-ed/-eton	ihr seid, Sie sind
(onho) ...-an(d)	sie sind

Ein anderes Verb für „sein" ist budan *(IV)/* bosch *(G)". Es ist jedoch unvollständig und selten gebräuchlich. Statt* budan *werden üblicherweise* hastam *(sein) oder* schudan *(werden) gebraucht.*

Die Verneinung von hastam ist erwartungsgemäß auch unregelmäßig. Nested/nesteton sind gleichberechtigte Varianten:

nest-am	ich bin nicht
nest-i	du bist nicht
nest	er/sie/es ist nicht
nest-em	wir sind nicht
nest-ed/nest-eton	ihr seid nicht, Sie sind nicht
nest-an(d)	sie sind nicht

Für die Vergangenheit wird der Stamm bud- benutzt, ihn kann man mit „war" übersetzen.

bud-am	ich war
bud-i	du warst
bud	er/sie/es war
bud-em	wir waren
bud-ed/bud-eton	ihr wart, Sie waren
bud-an(d)	sie waren

Die Vergangenheit wird mit vorangestelltem na- *verneint, z. B.* na-bud-am *(ich war nicht).*

Man student nestam.   **Man student bud-am.**
ich Student nicht-bin   *ich Student war-ich*
Ich bin kein Student.   Ich war Student.

das Verb „doschtan" (haben)

Doschtan hat immer nur die Bedeutung „haben" im Sinne von „besitzen", es kann nicht wie das deutsche „haben" Hilfsverb sein (vgl. „ich habe gemacht"). Das Verb hat sowohl in der Gegenwart als auch in der Vergangenheit dieselben Personalendungen. Sätze mit dem Verb doschtan unterscheiden sich von den entsprechenden deutschen nur in der Wortstellung.

Das Verb doschtan hat, wie viele andere „starke" Verben, verschiedene Stämme für die Gegenwart und für die Vergangenheit. In der Gegenwart hat es den Stamm dor-:

dor-am	ich habe
dor-i	du hast
dor-ad	er/sie/es hat
dor-em	wir haben
dor-ed	ihr habt, Sie haben
dor-an(d)	sie haben

Man waqt dor-am. **Ü bilet dor-ad.**
ich Zeit habe-ich *er Fahrkarte hat-er*
Ich habe Zeit. Er hat eine Fahrkarte.

Für die Verneinung wird die Vorsilbe na- (nicht) vor das Verb gehängt:

Man waqt na-dor-am. **Ü bilet na-dor-ad.**
ich Zeit nicht-habe-ich *er Fahrkarte nicht-hat-er*
Ich habe keine Zeit. Er hat keine Fahrkarte.

Doscht- ist der Stamm der Vergangenheit:

doscht-am	ich hatte
doscht-i	du hattest
doscht	er/sie hatte
doscht-em	wir hatten
doscht-ed	ihr hattet, Sie hatten
doscht-an(d)	sie hatten

Ü düst doscht. **Man tab doscht-am.**
er Freund hatte-er *ich Fieber hatte-ich*
Er hatte einen Freund. Ich hatte Fieber.

Ü düst na-doscht. **Man tab na̱-doscht-a̱m.** *Die Verneinung wird*
er Freund nicht-hatte-er *ich Fieber nicht-hatte-ich* *ebenfalls mit der Vor-*
Er hatte keinen Ich hatte kein Fieber. *silbe* na- *formuliert.*
Freund.

Zeitstufen regelmäßiger Verben

Im Deutschen lernt man drei Verbstämme,
von denen man alle anderen Formen bildet, z.
B. „gehen/ging/gegangen". Es gibt starke und
schwache Verben, wobei die letzten regel-
mäßige Stämme bilden.

Im Tadschikischen verhält es sich ähnlich. *In den Wörterlisten*
Die starken tadschikischen Verben haben nur *des vorliegenden*
zwei Hauptformen. Die erste Form ist die *Buches werden für*
Form des Infinitivs und der Vergangenheit *alle Verben grund-*
(hier „IV-Stamm"), die zweite ist die Form der *sätzlich der IV- und*
Gegenwart (hier „G-Stamm"). Die erste Form *G-Stamm angegeben.*
(mit der Endung -an) ist in Wörterbüchern angegeben, die zweite sollte (bzw. muss) man
auswendig lernen (für „starke" Verben).

Z. B. sind die Verben raft-an (gehen) und kard-an (machen) stark; sie haben die folgenden Verbstämme: raft (IV)/ raw (G), kard (IV)/kun (G).

Die Verben, deren IV-Verbstamm auf -d, -id oder -ist endet, sind schwach. Um den G-Verbstamm dieser Verben zu bilden, muss man die Endung -d, -id, -ist des Stammes abstreichen:

IV-Stamm	G-Stamm
mond-an (bleiben)	**mon**
nüschid-an (trinken)	**nüsch**
donist-an (kennen)	**don**

Die 4 Zeitformen, die hier betrachtet werden sollen, haben ein ähnliches Bildungsschema:

Bildungsschema   (me-) + IV- od. G-Stamm + Personalendung

Die Vorsilbe me- wird nur von zwei der vier Zeitformen gebraucht. me- drückt aus, dass eine Handlung ständig, oft oder gerade jetzt vor sich geht. Die Verben doschtan (haben) und budan (sein) haben diese Vorsilbe beispielsweise niemals, da sie diese Bedeutung bereits in sich tragen.

Das in Klammern Die Personalendung repräsentiert die han-
stehende (j) *steht nur* delnde Person. Die persönlichen Fürwörter
nach Selbstlauten. sind nicht notwendig, oft kann man ohne sie
Die Endung -(j)ad für auskommen. Die Personalendungen sind für
„er/sie/es" kann nur alle Zeitformen gleich:
nach einem G-Stamm
stehen, nach einem
IV-Stamm fehlt sie.

-(j)am	ich	-(j)em	wir
-(j)i	du	-(j)ed / -(j)eton	ihr, Sie
-(j)ad	er, sie, es	-(j)an(d)	sie (Mz)

Gegenwart-Zukunft

Diese Zeitstufe kann entweder die Gegenwart oder die Zukunft ausdrücken. Im Deutschen verwendet man ja auch oft die Gegenwartsform, obwohl man eindeutig die Zukunft meint, z. B.: „Ich *komme* in zwei Wochen". In der tadschikischen Umgangssprache benutzt man dafür die Formen der „Gegenwart-Zukunft". Diese Zeitstufe hat das Bildungsschema mit der Vorsilbe me- (in der Wort-für-Wort-Übersetzung wird dafür das Kürzel „ME" verwendet):

Aus dem ganzen Formenreichtum der tadschikischen Literatursprache stellen wir hier nur die wichtigsten Zeitstufen vor, das sind eine Gegenwarts-, zwei Vergangenheitsformen und die Möglichkeitsform (Konjunktiv).

me- + G-Stamm + Personalendung

me-kun-am *ME-mache-ich*	ich mache
me-kun-i *ME-machst-du*	du machst
me-kun-ad	er/sie macht
me-kun-em	wir machen
me-kun-ed/ **me-kun-eton**	ihr macht, Sie machen
me-kun-an(d)	sie machen

Die Verneinung ist einfach: Vor die Zeitform stellt man die betonte Vorsilbe na- (nicht):

man na-me-kun-am   **tu na-me-raw-i**
ich nicht-ME-mache-ich   *du nicht-ME-gehst-du*
ich mache nicht   du gehst nicht

Perfekt

Für die Umgangs-
sprache reichen die
hier beschriebenen
zwei Vergangen-
heitsstufen aus. Sie
entsprechen ungefähr
dem deutschen Perfekt
(vollendete Gegen-
wart, z. B. „ich bin
gegangen") und
Imperfekt (einfache
Vergangenheit,
z. B. „ich ging").

Das Perfekt hat das Bildungsschema ohne die Vorsilbe me-:

IV-Stamm + Personalendung	

kard-am	ich habe gemacht
machte-ich	
kard-i	du hast gemacht
machtest-du	
kard	er/sie hat gemacht
kard-em	wir haben gemacht
kard-ed/	ihr habt / Sie haben
kard-eton	gemacht
kard-an(d)	sie haben gemacht

Die 3. Person Einzahl („er, sie, es") hat keine Personalendung! Kard-ed/kard-eton sind gleich-berechtigte Varianten.

Für die Verneinung wird wieder die be-kannte Vorsilbe na- vorangestellt:

man na̱-kard-a̱m   **tu na̱-raft-i̱**
ich nicht-machte-ich   *du nicht-gingst-du*
ich habe nicht gemacht du bist nicht gegangen

Imperfekt

Das Imperfekt hat die Vorsilbe me- und keine Endung in der 3. Person Einzahl:

me- + IV-Stamm + Personalendung

man me̱-kard-a̱m	**tu me̱-raft-i̱**
ich ME-machte-ich	*du ME-gingst-du*
ich machte	du gingst

man na̱-me-kard-a̱m	**tu na̱-me-raft-i̱**
ich nicht-ME-machte-ich	*du nicht-ME-gingst-du*
ich machte nicht	du gingst nicht

Möglichkeitsform

Die Möglichkeitsform (Konjunktiv) wird im Tadschikischen viel öfter als im Deutschen – auch öfter als die Wirklichkeitsform (Indikativ) – gebraucht. Das Bildungsschema ist:

(Vorsilbe **bi-**) + G-Stamm + Personalendung

In der Umgangssprache wird die Vorsilbe bi- selten verwendet und kann entfallen.

kun-am	ich würde machen	*Die Verneinung*
mache-ich		*erfolgt wie üblich*
kun-i	du würdest machen	*mit vorangestelltem*
machst-du		na-, z. B. na-kun-am
kun-ad	er/sie würde machen	*(ich würde nicht*
kun-em	wir würden machen	*machen).*
kun-ed/	ihr würdet / Sie	
kun-eton	würden machen	
kun-an(d)	sie würden machen	

Man me̱-cho̱h-a̱m in fi̱lm-ro bin-am.
ich ME-will-ich dieser Film-AKK sehe-ich
Ich will diesen Film sehen.

Die Möglichkeitsform wird oft in Nebensätzen gebraucht oder wenn Wunsch, Möglichkeit, Bedingung, Absicht, Zweifel ausgedrückt werden.

Hamroh noschito kun-em tschi?
zusammen Frühstück machen-wir was
Frühstücken wir zusammen?

Kudsho raw-am?
wohin gehe-ich
Wohin soll ich gehen?

Fragen

Entscheidungsfragen

Man unterscheidet wie im Deutschen zwischen Entscheidungs- und Ergänzungsfragen. Entscheidungsfragen können nur mit ha, bale, ore ("ja") oder ne ("nein") beantwortet werden und werden ohne Fragewort gebildet. Sie werden oft durch die Fragepartikeln ojo oder magar, die am Satzanfang stehen, oder durch die Fragepartikel -mi, die immer am Satzende steht, eingeleitet. Diese Fragepartikeln können nicht übersetzt werden. Da sie lediglich die Funktion haben, den Satz als Frage zu kennzeichnen, werden sie in der Wort-für-Wort-Übersetzung durch "?" repräsentiert. Die Partikel -mi ist immer betont. Das "i" ist sehr gedehnt und hat eine eigenartige Intonation, die man am besten mit Hilfe einer Tonaufnahme meistert.

Bilet char-ed-mi?
Fahrkarte kauftet-ihr-?
Haben Sie die Fahrkarte gekauft?

Ojo ü sihat ast?
? er gesund ist
Ist er gesund?

Ergänzungsfragen werden wie im Deutschen mit Fragewörtern gebildet. Man kann nur mit einem vollständigen Satz antworten.

Ergänzungsfragen

ki?	wer?
kadom?	wie?, welche/r/s?
tschi?	was?
tschi tawr?	wie? auf welche Weise?
was Weise	
tschi chel/guna?	welche/r/s?
was Sorte/Art	
kaj?	wann?
(dar) kudsho?	wo?
(in) wo	
az kudsho?	woher?
von wo	
(ba) kudsho?	wohin?
(zu) wo	
tscharo?	warum?
tschan(d)?	wie viel?
tschandüm?	wievielte/r?

In Fragesätzen steht das Fragewort üblicherweise vor dem Verb.

Schumo az kudsho hast-ed?

ihr von wo seid-ihr

Woher sind Sie?

In-ro ba schumo ki guft?

das-AKK zu ihr wer sagte

Wer hat Ihnen das gesagt?

Ü kudsho zindagi me-kun-ad?

er wo Leben ME-machst-du

Wo wohnt er?

Tschan(d) pul?

wieviel Geld

Wie viel kostet das?

Einen erzählenden Satz kann man in einen Fragesatz umgestalten, wenn man am Anfang des Satzes die Wörter ojo oder magar (nicht wörtlich übersetzbar) stellt. Die anderen Wörter verändern dabei ihre Stellung nicht!

Tu na̱-me-don-i̱.
du nicht-ME-weißt-du
Du weißt (es) nicht.

Ojo tu na̱-me-don-i̱?
? du nicht-ME-weißt-du
Weißt du (es) nicht?

Auffordern & Befehlen

Im Deutschen gibt es drei Befehlsformen: „lies", „lest" und „lesen Sie". Im Tadschikischen sind die Höflichkeitsform („lesen Sie") und die Mehrzahl-Form („lest") identisch, d. h. es gibt nur zwei Formen.

Die Du-Form Einzahl („lies") ist einfach: Der G-Verbstamm ist bereits die Befehlsform (manchmal steht sie mit der Vorsilbe bi-).

kun!	**gir!**	**schin!**	**bi-chon!**
mach!	nimm!	setz dich!	lies!

Die Mehrzahl hat die Endung -ed/-eton nach Mitlauten und -jed/-jeton nach Selbstlauten.

kun-ed/kun-eton!	macht!, machen Sie!
schin-ed/schin-eton!	setzt euch!,
	setzen Sie sich!
gü-jed/gü-jeton!	sagt!, sagen Sie!
bi̱-chon-e̱d!	lest!, lesen Sie!

Die Verneinung wird wie üblich mit der Vorsilbe na- gebildet, na- ist immer betont, die Vorsilbe bi- entfällt.

Die Vorsilbe bi- *wird in der Wort-für-Wort-Übersetzung durch das Kürzel „BI" repräsentiert.*

kun!	mach!
na-kun!	mach nicht!
bi-chon-ed!	lesen Sie!
na-chon-ed!	lesen Sie nicht!

Können, Wollen, Dürfen, Müssen & Sollen

Im Deutschen kann man ein Verb mit Modalverben „modifizieren" (z. B. „ich arbeite" und „ich *will* arbeiten", „ich *kann* arbeiten", „ich *soll* arbeiten"). Im Tadschikischen gibt es auch Modalkonstruktionen, nur werden diese teilweise anders als im Deutschen gebildet.

wollen

Das Verb chost-an (wollen) (G-Stamm choh-) verbindet sich mit der Grundform des Hauptverbs, manchmal auch mit einem Hauptwort und steht üblicherweise am Satzende.

Schumo tschi me-choh-ed?
ihr was ME-wollt-ihr
Was wollen Sie?

Man ü-ro did-an me-choh-am.
ich ihn-AKK sehen ME-will-ich
Ich will ihn sehen.

Man ob me-choh-am. Man chürok me-choh-am.
ich Wasser ME-will-ich ich Essen ME-will-ich
Ich will trinken.   Ich will essen.

Oft wird in der Umgangssprache noch eine andere Konstruktion benutzt, die man ungefähr mit „ich will um zu ..." übersetzen kann:

> **me-** + G-Stamm + Personalendung (**ki**)
> G-Stamm + Personalendung

Das Hauptverb steht in der Möglichkeitsform (Konjunktiv). Das Bindewort ki (dass) fehlt oft.

Mo me-choh-em ki schahr-ro tamoscho kun-em.
wir ME-wollen-wir dass Stadt-AKK besehen machen-wir
Wir wollen die Stadt besichtigen.

Man me-choh-am in namoischgoh-ro bin-am.
ich ME-will-ich diese Ausstellung-AKK sehe-ich
Ich will diese Ausstellung sehen.

können

Das deutsche Verb „können" wird mit dem tadschikischen Verb tawonist-an (G: tawon-) übersetzt. Dieses Verb wird wie alle anderen gebeugt, es steht am Ende des Satzes, das Hauptverb steht davor in der Form des verkürzten Infinitivs (d. h. ohne -n am Ende).

Ü schino kard-a me-tawon-ad.
er Schwimmen machen ME-kann-er
Er kann schwimmen.

Können, Wollen, Dürfen, Müssen & Sollen

Tu tschi kor kard-a me̯-tawon-i̯?
du welche Arbeit machen ME-kannst-du
Was kannst du machen?

Doru̯-ro dar kudsho charid-an mumkin (ast)?
Arznei-AKK in wo kaufen möglich (ist)
Wo kann man die Arznei kaufen?

Der unpersönliche Ausdruck „man kann" wird mit mumkin *übersetzt, das mit der Grundform des Hauptverbs verbunden wird.*

dürfen

In der tadschikischen Umgangssprache kann „dürfen" nur unpersönlich ausgedrückt werden: „man darf", „man darf nicht" oder „darf man?" wird ebenfalls mit mumkin (möglich) formuliert.

Daromad-an mumkin(-mi)?
eintreten möglich(-?)
Darf man / ich / dürfen wir eintreten?

Daromad-an mumkin nest.
eintreten möglich nicht-ist
Man darf / Sie dürfen nicht eintreten.

Tamoku kaschid-an man' ast!
Tabak ziehen Verbot ist
Rauchen verboten!

Das Verb ast *(sein) und die Partikel* -mi *fehlen oft. Die Verneinung „man darf nicht" kann auch mit* man' ast *ausgedrückt werden.*

müssen, sollen

Die Bedeutung „müssen" wird durch das Umstandswort bojad (nötig) mit der Möglichkeitsform des Hauptverbs ausgedrückt.

Mo so͟at-i tschan(d) bojad tajjor schaw-em?
wir Uhr-IZ wieviel nötig fertig werden-wir
Um wie viel Uhr müssen wir fertig sein?

Ü bojad zud o-jad.
er nötig bald kommt-er
Er muss bald kommen.

Man bojad telefon kun-am.
ich nötig Telefon mache-ich
Ich muss anrufen/telefonieren.

Man tschan(d) pul bojad dih-am?
ich wieviel Geld nötig gebe-ich
Wie viel muss ich bezahlen?

„Sollen" und „müssen" wird auch durch die
Wörter darkor, lozim, die ebenfalls „nötig" be-
deuten, ausgedrückt. Sie stehen nach der
Grundform des Hauptverbs.

Taksi͟-ro dshegh zad-an lozim ast.
Taxi-AKK Ruf werfen nötig ist
Man soll/muss ein Taxi bestellen.

Harora͟t-ro sandshind-an darkor.
Temperatur-AKK messen nötig
Man soll/muss die Temperatur messen.

Schumo͟-ro dida͟n-am lozim!
ihr-AKK Sehen-mein nötig
Ich muss Sie sehen!

Zusammengesetzte Verben

Zusammengesetzte Verben sind auch im Deutschen bekannt, z. B. „Platz nehmen", „Platz machen" und viele andere. Im Tadschikischen kommen diese Verben viel häufiger vor. Die zusammengesetzten Verben setzen sich aus einem Hauptwort und einem Hilfsverb zusammen. Als Hilfsverben werden am häufigsten kard-an (tun, machen) und schud-an (werden) benutzt, andere Verben seltener.

kor kard-an *Arbeit machen*	arbeiten
chanda kard-an *Lachen machen*	lachen
nigoh kard-an *Blick machen*	schauen
taklif namud-an *Vorschlag machen*	vorschlagen
tamom schud-an *Ende werden*	zu Ende sein
nischon dod-an *Zeichen geben*	zeigen
jod dod-an *Gedächtnis geben*	lehren
nafas kaschid-an *Atem ziehen*	atmen
gap zad-an *Wort schlagen*	sprechen
tschaschm andoscht-an *Auge legen*	besehen

Wenn Sie in der Wörterliste auf zusammengesetzte Verben stoßen, ist jeweils das zweite Wort das zu beugende Verb.

Bindewörter

Bindewörter (Konjunktionen) verbinden einzelne Wörter, Satzteile und ganze Sätze.

Die tadschikischen Bindewörter sind nicht immer selbständige Wörter, sondern können auch als Wortendungen vorkommen.

wa, -u	und
ham	auch
ham ... ham	sowohl ... als auch
na faqat ... ham	nicht nur ... sondern auch
jo	oder
jo ... jo	entweder ... oder
tschun, tschunki	weil
to-ki	um ... zu
ammo, wale, lekin	aber
ki	dass
agar	wenn, falls
bo-in-ki	trotzdem
waqt-e-ki	wenn (zeitl.), als

Onho raft-an(d), ammo mo na-raft-em.
sie gingen-sie, aber wir nicht-gingen-wir
Sie sind gegangen, aber wir sind nicht gegangen.

Waj ba-on-dsho na-raft, schunki waqt-asch na-bud.
er dorthin nicht-ging, weil Zeit-seine nicht-war
Er ist nicht hingegangen, weil er keine Zeit hatte.

padar-u modar   **zan-u schawhar**
Vater-und Mutter   *Ehefrau-und Ehemann*
Vater und Mutter   Ehefrau und Ehemann

Na faqat dar on-dsho, dar in-dsho ham.

nicht nur in dort, in hier auch

Nicht nur dort, sondern auch hier.

Waqt-e ki waj omad, tu na-bud-i.

Zeit-eine dass er kam, du nicht-bist-du

Als er gekommen ist, warst du nicht da.

Afsüs, ki der mond-i.

schade, dass spät bliebst-du

Schade, dass du zu spät gekommen bist.

Verhältniswörter

Es gibt im Tadschikischen zwei Arten von Verhältniswörtern (Präpositionen), und zwar 1) ursprüngliche, primäre oder „echte" sowie 2) sekundäre Verhältniswörter.

				ursprüngliche Verhältniswörter
bo	mit	**to**	bis	
be	ohne	**baroi**	für	
bar	auf, oberhalb	**dar**	in (+Dat.)	
ba	in (+Akk.), zu, auf, nach	**az**	von, aus, seit	

Oft ensprechen mehrere deutsche Verhältniswörter einem tadschikischen und umgekehrt. Hier sind einige Beispiele, wie man die Verhältniswörter einsetzen kann.

Ba chona me-raw-ad. **Az schahr me-o-jad.**

zu Haus ME-geht-er *aus Stadt ME-kommt-er*

Er geht nach Hause. Er kommt aus der Stadt.

Ba samolot me̲-raw-a̲d.
in Flugzeug ME-geht-er
Er fliegt mit dem Flugzeug.

bo ka̲s-e
mit Mensch-ein
mit jemandem

Ba zabo̲n-i nemisi gap me̲-zan-a̲d.
auf Sprache-IZ deutsch Wort ME-schlägt-er
Er spricht Deutsch.

Waj dar chona me̲-bosch-a̲d.
er in Haus ME-ist-er
Er befindet sich zu Hause.

Dar mo̲h-i janwar me̲-raw-a̲d.
in Monat-IZ Januar ME-fährt-er
Er fährt im Januar.

az pagoh to begoh
von Morgen bis Abend
vom Morgen bis zum Abend

to schahr
bis Stadt
bis zur Stadt

Be in kas na̲-me-schaw-a̲d.
ohne dieser Mensch(Mann) nicht-ME-wird-es
Ohne ihn geht es nicht.

Baro̲i schumo oward-am.
für ihr brachte-ich
Ich habe das für Sie mitgebracht.

sekundäre Verhältniswörter Die folgende Tabelle soll dem Verständnis für die Struktur sekundärer Verhältniswörter dienen. Im Folgenden werden diese nicht mit Bindestrich geschrieben, sondern wie ein einziges Wort, das auch nur mit dem entsprechenden deutschen Verhältniswort (in der Wort-für-Wort-Übersetzung) übersetzt wird.

bol**o**-i	*Oberes-IZ*	über
z**e**r-i	*Unteres-IZ*	unter
p**u**scht-i	*Rücken-IZ*	hinter
p**e**sch-i	*Vorderseite-IZ*	vor
n**a**zd-i	*Nähe-IZ*	neben
pahl**u**-i	*Seite-IZ*	in der Nähe

Sekundäre Verhältnis-wörter werden aus einem Hauptwort mit dem Izofat gebildet.

bolo**i / p**u**schti / p**e**schi chona**
über / hinter / vor Haus
über / hinter / vor dem Haus

Wem? oder Wen?

Die tadschikische Sprache hat streng ge-nommen keine Fälle. Die Bedeutungen der deutschen Fälle werden im Tadschikischen durch Verhältniswörter, die vor Hauptwör-tern stehen (Präpositionen), oder durch Ver-hältniswörter, die Hauptwörtern nachgestellt sind (Postpositionen), ausgedrückt.

Die verschiedenen Bedeutungen des deut-schen Wemfalls (Dativ) werden im Tadschi-kischen durch Verhältniswörter ausgedrückt. Wenn es im Deutschen kein Verhältniswort gibt („ich gebe dem Vater"), steht im tadschi-kischen Satz das Verhältniswort ba (zu/nach):

Wem?

ba padar
dem Vater

ba modar
der Mutter

Wenn im Deutschen ein Verhältniswort mit dem Dativ steht, wird auch das entsprechende tadschikische Verhältniswort verwendet. Da aber die tadschikische Sprache keine Fälle kennt, bleibt das tadschikische Hauptwort nach allen Verhältniswörtern unverändert.

bo düst
mit Freund
mit dem Freund

ba'd-i kor
nach Arbeit
nach der Arbeit

az schahr
aus Stadt
aus der Stadt

ba kor
zu Arbeit
zur Arbeit

Wen? Der Wenfall (Akkusativ) wird im Tadschikischen durch Anhängen des Verhältniswortes -ro an das bestimmte Hauptwort gebildet. Wenn das Hauptwort unbestimmt ist, wird der Wenfall überhaupt nicht ausgedrückt. Das Verhältniswort -ro wird in der Lautschrift mit einem Bindestrich geschrieben und in der Wort-für-Wort-Übersetzung durch „AKK" bezeichnet.

Man kit̲o̲b-ro char-am.
ich Buch-AKK kaufte-ich
Ich habe das Buch gekauft.

Man kitob char-am.
ich Buch kaufte-ich
Ich habe ein Buch gekauft.

Umstandswörter

Viele tadschikische Umstandswörter (Adverbien) weisen in ihrer Form keinen Unterschied zu Eigenschaftswörtern auf. Sie haben nur verschiedene Funktionen. Das Eigenschaftswort charakterisiert ein Merkmal eines Hauptwortes, das Umstandswort aber steht vor einem Verb und präzisiert seine Handlung:

kitob-i naghz	**Waj naghz me-saro-jad.**
Buch-IZ gut	*sie gut ME-singt-sie*
gutes Buch	Sie singt gut.

dshawob-i durust	**Waj durust gap me-zan-ad.**
Antwort-IZ richtig	*er richtig Wort ME-schlägt-er*
richtige Antwort	Er spricht richtig.

Manche Umstandswörter haben signifikante Silben, die sie von Eigenschaftswörtern unterscheiden: -an, (tachminan „zirka/ungefähr"), -o (goho „manchmal"), -ona (buadabona „höflich") u. a.

Zahlen & Zählen

Die tadschikischen Zahlen sind nicht kompliziert, wenn man sich ihre Bildungsweise verdeutlicht.

Die Zahlen von 11 bis 19 sind nach dem Schema „drei-zehn", „vier-zehn" gebildet, wobei sich die Grundzahlwörter lediglich geringfügig verändern.

0 **sifr/nol**	10 **dah**
1 **jak**	11 **jozdah**
2 **du**	12 **duwozdah**
3 **se**	13 **sezdah**
4 **tschor**	14 **tschordah**
5 **pandsh**	15 **ponzdah**
6 **schasch/schisch**	16 **schonzdah**
7 **haft**	17 **hafdah**
8 **hascht**	18 **hashdah**
9 **nüh**	19 **nuzdah**

Die Zehnerzahlen (20, 30, 40 ...) haben Ähnlichkeit mit der zugrunde liegenden Zahl. Man muss sie jedoch auswendig lernen.

20 **bist**	60 **schast**
30 **si**	70 **haftod**
40 **tschil**	80 **haschtod**
50 **pandshoh**	90 **nawad**

„(Ein)hundert" heißt sad. *Alle anderen Hunderterzahlen werden durch die jeweilige Grundzahl von 2-9 plus der Endung* -sad *gebildet.*

100 **(jak) sad**	600 **schaschsad**
200 **dusad**	700 **haftsad**
300 **sesad**	800 **haschtsad**
400 **tschorsad**	900 **nühsad**
500 **pandshsad**	

1.000	**(jak) hazor**	100.000	**sad hazor**
2.000	**du hazor**	900.000	**nühsad hazor**
10.000	**dah hazor**		

Die Tausender werden analog zu den Hundertern gebildet.

1.000.000	**milion**
1.000.000.000	**miliard**
10.000.000.000	**dah miliard**

Zusammengesetzte Zehnerzahlen, z. B. 21, 22, 23 ..., werden nach dem Schema „zwanzig-und eins", „zwanzig-und zwei", „zwanzig-und drei" etc. gebildet. Die Silbe -u („und") verbindet alle Teile der Zahlen, die immer von groß nach klein zusammengesetzt werden.

bist-u pandsh (25)
zwanzig-und fünf
sesad-u bist-u pandsh (325)
dreihundert-und zwanzig-und fünf
jak hazor-u sesad-u bist-u pandsh (1.325)
eins tausend-und dreihundert-und zwanzig-und fünf
jozdah hazor-u sesad-u bist-u du (11.322)
elf tausend-und dreihundert-und zwanzig-und zwei

du quttitscha	**se kitob**
zwei Büchse	*drei Buch*
zwei Büchsen	drei Bücher

tschan(d) schahr?	**jaktschan(d) kalima**
wieviel Stadt	*einige Wort*
wie viele Städte?	einige Wörter

Nach Zahlen und nach Wörtern, die eine unbestimmte Menge ausdrücken (z. B. „wie viel", „viel", „einige"), steht das Hauptwort in der Einzahl.

Kategoriewörter

Beim Zählen werden in bestimmten Fällen so
genannte „Kategoriewörter" verwendet. Auch
im Deutschen sind derartige Wörter bekannt.
So sagt man beispielsweise: „ein *Stück* Ku-
chen/Käse", „ein *Paar* Schuhe", „eine *Scheibe*
Brot" oder (etwas veraltet) „ein *Laib* Brot".

Hier die gebräuchlichsten tadschikischen
Kategoriewörter:

*Die Kategoriewörter
stehen gewöhnlich
zwischen Zahl- und
Hauptwort, wobei
das Hauptwort in
der Einzahl steht.*

dona (Stück)	für Gegenstände
dschuft (Paar)	für Schuhe, gegenständ-liche Paare, Tiere
nußcha	für Bücher, Zeitungen u. ä.
nafar (Person)	für Menschen
sar (Kopf)	für Tiere

dah dona tuchm
zehn Stück Ei
zehn Eier

pandsh nafar mehmon
fünf Person Gast
fünf Gäste

jak dshuft müza
eins Paar Stiefel(Ez)
ein Paar Stiefel

bist sar hajwon
zwanzig Kopf Tier
zwanzig Tiere

Ordnungszahlen

Ordnungszahlen antworten auf die Frage
tschandüm? (der/die/das Wievielte?). Sie werden gebildet, indem man an die Grundzahl
die Endungen -üm (nach Mitlauten) bzw. -jüm
(nach Selbstlauten) anhängt.

jak	eins	**jaküm**	erste(r)
du	zwei	**dujüm**	zweite(r)
se	drei	**sejüm**	dritte(r)
tschor	vier	**tschorüm**	vierte(r)
pandsh	fünf	**pandshüm**	fünfte(r)
schasch	sechs	**schaschüm**	sechste(r)
haft	sieben	**haftüm**	siebte(r)

Ordnungszahlen werden wie Eigenschaftswörter nachgestellt und verbinden sich mit Hauptwörtern durch das Izofat (die Partikel -i).

sol-i jaküm
Jahr-IZ erste
das erste Jahr

moh-i dujüm
Monat-IZ zweite
der zweite Monat

Maße & Mengen

Maßeinheiten und Mengenangaben (auch unbestimmte) stehen wie Zahlen immer vor dem Hauptwort, auf das sie sich beziehen.

gram	Gramm
kilo(gram)	Kilogramm
litr	Liter
metr	Meter
kilometr	Kilometer
bisjor, zijod – kam	viel – wenig
hedsh tschiz	nichts
kein Ding	
kamakak	ein bisschen
ba'ze, jaktschan(d)	einige

Wie beim Zählen steht der gezählte bzw. zu messene Gegenstand immer in der Einzahl.

dusad gram
zweihundert Gramm
200 Gramm

nim-kilogram
halb-Kilogramm
halbes Kilo

dona	Stück
banka, qutti	Dose
dshuft	Paar
qutti, patschka	Schachtel
koghazchalta	Tüte
zarf	Behälter

Jak patschka petschenje dih-ed!
eins Schachtel Gebäck gebt-ihr
Geben Sie mir bitte eine Schachtel Gebäck!

Zeit & Datum

Soat bedeutet sowohl „Stunde" als auch „Uhr", z. B. soat-i dasti (Armbanduhr).

Uhrzeit **Soat tschand ast? Soat pandsh-u tschorjak.**
Stunde wieviel ist   Stunde fünf-und Viertel
Wie spät ist es?   Es ist Viertel nach fünf.

Hozir soat nüh-i pagohi/begohi.
jetzt Stunde neun-IZ Morgen/Abend
Jetzt ist es 9 Uhr morgens/abends.

Soat nüh-u pandsh daqiqa.
Stunde neun-und fünf Minute
Fünf Minuten nach neun.

Pandsh daqiqa / tschorjak kam duwozdah.
fünf Minute / Viertel weniger zwölf
Fünf Minuten / ein Viertel vor zwölf.

Dar soat-i se.
in Stunde-IZ drei
Um 3 Uhr.

Dar soat-i haft-u nim.
in Stunde-IZ sieben-und halb
Um halb acht.

Pas-az jak soat.
nach eins Stunde
In einer Stunde.

Jak soat pesch az in.
eins Stunde früher von das
Vor einer Stunde.

dirüz	gestern	**allgemeine**
imrüz	heute	**Zeitangaben**
pagoh, fardo	morgen	
pagoh-i digar, pasfardo	übermorgen	
morgen-IZ anderer, nach-morgen		
subh, pagohi	(der) Morgen	
rüz	(der) Tag	
begoh	(der) Abend	
schab	(die) Nacht	
pagohirüzi	morgens	
dar nima-i rüz	mittags	
in Hälfte-IZ Tag		
ba'd-az nima-i rüz	nachmittags	
nach Hälfte-IZ Tag		
begohi	abends	
schabona	nachts	
dar-muddat-i rüz	tagsüber	
während Tag		
har rüz	täglich	
jeder Tag		
imschab	heute Nacht	
dirüz schabona	gestern Abend	
gestern nachts		
fardo begohi	morgen Abend	
morgen abends		

barwaqt	frühzeitig	**tez, zud**	bald
peschtar	früh	**ba'zan**	manchmal
bewaqt *ohne-Zeit*	spät	**tez-tez, zud-zud**	oft
dertar	später	**hamescha**	immer
dar qaribi *in Nähe*	vor kurzem	**hedsh goh** *keine Zeit*	niemals
hozir	jetzt		

se rüz pesch
drei Tag vor
vor drei Tagen

se rüz
drei Tag
drei Tage lang

pas-az jak rüz / jak hafta / jak sol
nach eins Tag / eins Woche / eins Jahr
in einem Tag / einer Woche / einem Jahr

Jahreszeiten	**bahor**	Frühling	**tiramoh**	Herbst
	tobiston	Sommer	**zimiston**	Winter

Wochentage	**hafta**	Woche
	rüz-ho	Tage
	duschambe	Montag
	seschambe	Dienstag
	tschorschambe	Mittwoch
	pandshschambe	Donnerstag
	dshum'a	Freitag
	schambe	Sonnabend
	jakschambe	Sonntag

janwar	Januar	**ijul**	Juli
fewral	Februar	**awgust**	August
mart	März	**sentjabr**	September
aprel	April	**oktjabr**	Oktober
maj	Mai	**nojabr**	November
ijun	Juni	**dekabr**	Dezember

Monate

Die Bezeichnungen für die Monate klingen den deutschen sehr ähnlich. „Monat" heißt moh.

Imrüz tschandüm (ast)?

heute wievielte (ist)

Welches Datum ist heute?

Imrüz jaküm-i maj.   **Imrüz jozdahüm-i ijun.**

heute erste-IZ Mai   *heute elfte-IZ Juni*

Heute ist der 1. Mai.   Heute ist der 11. Juni.

Imrüz bist-u jaküm-i janwar.

heute zwanzig-und erste-IZ Januar

Heute ist der 21. Januar.

dar dahüm-i janwar	am 10. Januar
in zehnte-IZ Januar	
(dar) rüz-i schambe	am Sonnabend
(in) Tag-IZ Sonnabend	
dar moh-i janwar	im Januar
in Monat-IZ Januar	
pas-az jak hafta	in einer Woche
nach eins Woche	

Waj sol-i hazor-u nühsad-u schast-u du-jüm tawallud joft.

er Jahr-IZ tausend-und neunhundert-und sechzig-und zweite Geburt fand

Er ist im Jahre 1962 geboren.

Kurz-Knigge

Tadschiken führen in der Regel ein bescheidenes, einfaches und arbeitsames Leben. Sie lieben ihre Traditionen und Lebensweise, ihre (orientalische) Musik, die nationale Kleidung und Küche.

Religion: Nicht alle Tadschiken sind Moslems, dennoch ist die Religion sehr einflussreich. Üben Sie daher keine Kritik am Islam. Abgesehen von dem Unverständnis über Ihre Kritik, könnte es darüber hinaus Unannehmlichkeiten zur Folge haben. Wenn Sie eine Moschee besichtigen möchten, fragen Sie vorher um Erlaubnis. Achten Sie auf eine dem Ort angemessene Kleidung. Frauen müssen ein Kopftuch tragen. Vor dem Betreten ziehen Sie Ihre Schuhe aus. Schuhe werden im Allgemeinen auch ausgezogen, wenn man ein Haus betritt.

Fotografieren: Seien Sie beim Fotografieren besonders behutsam! Wenn Sie Menschen fotografieren wollen, fragen Sie vorher. Auf keinen Fall dürfen Sie Bettler, Betende, unschöne Szenen sowie militärische Einrichtungen ablichten. Bedenken Sie, dass viele Menschen auf die Kamera gereizt reagieren!

Alkohol: Trunkenheit gilt in islamischen Ländern als verwerflich, der Koran (Qur'on) verbietet Muslimen das Trinken von Alkohol. Das ist eine tadschikische Tradition,

und auch wenn viele Leute nicht religiös sind, trinken sie sehr wenig. Ausländer können natürlich Alkohol nach eigenem Gusto konsumieren, was aber keinen guten Eindruck hinterlässt.

Höflichkeit

Im Orient schätzt man Höflichkeit. Wenn ein Unbekannter Sie grüßt, antworten Sie mit einer leichten Verbeugung, die rechte Hand über die Brust gelegt, mit Wa alajkum salom.

Ältere Menschen

In Tadschikistan ist es Sitte, sich gegenüber Älteren (oqsaqqolho „weiße Bärte") mit Respekt zu verhalten. Ihnen wird z. B. bevorzugt ein Sitzplatz im Bus angeboten.

Pünktlichkeit

Tadschiken sind nicht besonders pünktlich. Verspätungen sind bei ihnen an der Tagesordnung.

Kleidung

Shorts sowohl bei Männern als auch bei Frauen sind nur an Stränden erlaubt, ansonsten läuft man Gefahr, Unmut auf sich zu ziehen.

FKK & Sex

FKK ist in Tadschikistan absolut tabu. Unehelicher Sex (zino) wird bei Moslems streng bestraft.

Als Frau allein

Es ist nicht üblich, als ausländische Frau allein durch islamische Länder zu reisen (auch wenn es nicht verboten ist). Liebe Damen! Kokettieren Sie mit Tadschiken nicht! Dann hält man Sie sofort für eine fohischa („leichte Fliege"), über die man die Nase rümpft. Gehen Sie abends nicht ohne männliche Begleitung in ein Restaurant. Ohne Begleiter kommen nämlich ebenfalls nur „leichte Fliegen"!

Nur am Tage kann man als Frau alleine in ein Restaurant oder eine Teestube gehen.

Namen & Anrede

Tadschikische Personennamen bestehen aus dem Familiennamen (familija), dem Vornamen (nom) und dem Vatersnamen (nom-i padar).

Vornamen

Viele tadschikische Vornamen sind gewöhnliche tadschikische Wörter mit konkreter Bedeutung, z. B. Qodir (mächtig), Habib, Dshüra (Freund), Amon (Frieden), Karim (edel), Fozil (Gelehrte), Halima (Milde), Dilbar (Geliebte) usw. Darüber hinaus ist es für Europäer oft schwierig zu verstehen, ob es sich um einen Männer- oder Frauennamen handelt.

Frauen- & Männernamen

Frauennamen enden meistens auf -a, aber auch ziemlich oft auf einen Mitlaut, z. B. Tühfa, Halima, Homida, Dilbar. Männernamen enden meistens auf einen Mitlaut, können aber manchmal auch auf einen Selbstlaut enden, z. B. Ahror, Masud, Radshab, Ibrohim, Mirzo, Ali.

Familiennamen

Familiennamen werden hauptsächlich aus männlichen Vornamen gebildet. Es gibt traditionell tadschikische und russifizierte Familiennamen. Die letzten bekommen die Nachsilben -ow, -jew für Männer und -owa, -jewa für Frauen: Amonow, Amonowa; Mirzojew, Mirzojewa. Die traditionellen Frauennamen bekommen die Nachsilben -i oder -zoda, z. B. Ahrori, Rahimi, Karimzoda, Buzurgzoda. Von demselben Vornamen können natürlich verschiedene Familiennamen gebildet werden: Karimow und Karimzoda, Rahimow und Rahimi.

Anrede

Im Tadschikischen gibt es verschiedene Anreden, die vom Alter und Geschlecht, von der offiziellen oder unoffiziellen Sprechsituation abhängen.

Anreden für ...		
... alte unbekannte Menschen	**bibidshon**	Großmütterchen
	bobodshon	Väterchen
... ältere unbekannte Menschen	**chola**	Tante
	amak, tagho	Onkel
... jüngere unbekannte Menschen (jedoch keine Kinder)	**chohar(dshon)**	Schwester
	barodar	Bruder
	düst, dshüra	Freund
... unbekannte Kinder	**duchtarak, duchtartscha**	Töchterchen
	pisardshon, pisar-am *Sohn-mein*	Söhnchen

Bekannte/Freunde kann man einfach mit Vornamen anreden. Es gibt auch andere Anredenformen, z. B. sehr höfliche altmodische, die zurzeit aber wieder eine Renaissance erfahren ...

Chonim-i Halima	Frau Halima
Düschiza Dilbar	Fräulein Dilbar
Dshonob-i Habib	Herr Habib

... und Anreden aus der sowjetischen Epoche:

Rafiq Fozilow
Genosse Fosilow

Qodir Masumowitsch
(Vor- und Vatersname)

Begrüßen & Verabschieden

Es gibt mehrere Begrüßungsformeln, die verschiedene Nuancen der Höflichkeit, der Familiarität, der Amtlichkeit usw. haben.

begrüßen

Salom!
Guten Morgen/Tag/Abend!,
Hallo!

Die universelle Begrüßung für jede Tageszeit (egal, ob man duzt oder siezt) ist salom („Frieden").

Chusch omad-ed!
gut kamt-ihr
Willkommen!

Ahwol-aton tschi-tawr-ast?
Umstände-eure wie-ist
Wie geht es Ihnen?

Rahmat, bisjor chub.
danke, sehr gut
Danke, sehr gut.

Salomati-aton tschi-tawr?
Gesundheit-eure wie
Wie geht es Ihnen?

Kor-ho tschi-tawr?
Sache-Mz wie
Wie geht es Ihnen?

Tschi nawigari hast?
welche Neuigkcit ist
Was gibt es Neues?

Az didor-aton chursand-am.
wegen Sehen-euch froh-ich
Es freut mich, Sie zu sehen.

Tschi-tawr omad-ed?
wie kamt-ihr
Kamen Sie gut an?

Gläubige begrüßen sich mit der islamischen Begrüßung, die auf Arabisch etwa „der Frieden sei mit dir/euch" bedeutet:

Assalomu alajkum! **Wa alajkum assalom!**
Guten Morgen/Tag! Guten Morgen/Tag!
(Anrede) *(Antwort)*

verabschieden

To didana! **Chajr, salomat bosch-ed!**
bis Wiedersehen *Güte, gesund seid-ihr*
Auf Wiedersehen! Leben Sie wohl!

Im folgenden Wunsch wird die Farbe „weiß" als Symbol von Reinheit und Güte verwendet.

Roh-i safed! **Ba hama salom rason-ed!**
Weg-IZ weiß *zu alle Gruß übergabt-ihr*
Glückliche Reise! Beste Grüße an alle!

Chajr, düst-on-i aziz!
Güte, Freund-Mz-IZ lieber
Leben Sie wohl, liebe Freunde!

Ba schumo muwaffaqijat me-choh-am!
zu ihr(euch) Erfolg ME-wünsche-ich
Ich wünsche Ihnen guten Erfolg!

Bitten, Danken, Wünschen

Für Bitten und Danken gibt es viele Floskeln. Unterscheiden Sie zwischen „bitte" als Aufforderung an jemanden und „bitte" als Angebot.

um etwas bitten

Bemalol-boschad, takror kun-ed.
bitte, Wiederholung macht-ihr
Wiederholen Sie bitte.

Bemalol-boschad, in maktu̱b-ro firiston-ed.
bitte, dieser Brief-AKK befördert-ihr
Befördern Sie bitte diesen Brief.

Bemalol-boschad, baland-tar/ohista-tar gap zan-ed.
bitte, höher/langsamer Wort schlagt-ihr
Sprechen Sie bitte lauter/langsamer.

Bemalol-boschad, ba man jordam kun-ed.
bitte, zu ich Hilfe macht-ihr
Helfen Sie mir, bitte.

Bemalol-boschad, tardshima kun-ed.
bitte, Übersetzung macht-ihr
Übersetzen Sie, bitte.

Az schumo jak iltimos dor-am.
von ihr(euch) eins Bitte habe-ich
Ich habe eine Bitte an Sie.

Bemalol-boschad
*heißt wörtlich
„ohne-Schwierigkeit-
sei", also „es sei
ohne Schwierigkeit".*

bitten (anbieten/bitten um)

Marhamat kuned
bedeutet wörtlich
„machen Sie Gnade".

Mana, marhamat-kuned, konjak.
hier, bitte, Kognak
Hier ist Kognak, bitteschön.

Marhamat, ba-peschi mo bi-jo-jed!
bitte, zu wir BI-kommt-ihr
Kommen bitte Sie zu uns!

danken

Rahmat! / Taschakkur!
Danke!

Az schumo minnatdor-am!
von ihr dankbar-bin
Ich bin Ihnen sehr dankbar!

Schumo bisjor boiltifot hast-ed,
rahmat ba schumo!
ihr sehr freundlich seid-ihr, danke an ihr(euch)
Das ist sehr freundlich von Ihnen,
danke Ihnen!

Baroi jordam-aton rahmat! **Na-me-arz-ad.**
für Hilfe-eure danke   *nicht-ME-braucht-er*
Vielen Dank für Ihre Hilfe!   Keine Ursache.

Baroi maslihat-aton rahmat!
für Rat-eurer danke
Vielen Dank für Ihren Rat!

Baroi iltifot-aton rahmat!
für Aufmerksamkeit-eure danke
Vielen Dank für Ihre Aufmerksamkeit!

Baroi mehruboni-aton rahmat!
für Empfang-eurer danke
Vielen Dank für Ihren Empfang!

Baroi tühfa-ho-jaton rahmat!
für Geschenk-Mz-euer danke
Vielen Dank für Ihre Geschenke!

wünschen

Safar bechatar!   **Ba tu neki me-choh-am!**
Reise gefahrlos   *zu du Gutes ME-will-ich*
Glückliche Reise!   Ich wünsche dir Gutes!

Sol-i naw-ro muborakbod me-kun-am!
Jahr-IZ neu-AKK Gratulation ME-mache-ich
Ich gratuliere (dir/Ihnen) zum Neujahr!

Muwaffaqijat-i schumo-ro muborakbod me-kun-am!
Erfolg-IZ ihr-AKK Gratulation ME-mache-ich
Ich gratuliere Ihnen zu Ihrem Erfolg!

Rüz-i tawallud-i tu-ro muborakbod me-kun-am!
*Tag-IZ Geburt-IZ du-AKK Gratulation
ME-mache-ich*
Ich gratuliere dir zu deinem Geburtstag!

Das persönliche Fürwort schumo (ihr) bezieht sich auf die 2. Person Plural. Um Missverständnisse auszuschließen, ist die deutsche gebeugte Form („euch") in Klammern ergänzt. Im Tadschikischen gibt es keine gebeugten Formen.

Ba tu/schumo muwaffaqijat me-talab-am!
zu du/ihr(euch) Erfolg ME-wünsche-ich
Ich wünsche dir/Ihnen guten Erfolg!

Ba tu roh-i safed me-talab-am!
zu du Weg-IZ weiß ME-wünsche-ich
Ich wünsche dir eine gute Fahrt!

Floskeln & Redewendungen

Hier eine weitere kleine Sammlung von Floskeln und feststehenden Redewendungen, die sich aus dem Deutschen nicht einfach ins Tadschikische übertragen lassen.

zustimmen

B̲a̲le./O̲re.   **Taklı̲f-aton ba mo ma'qul.**
ja/ja   *Vorschlag-euer zu wir passend*
Ja.   Wir nehmen Ihren Vorschlag an.

Man rozi (nest-am).
ich einverstanden (nicht-bin)
Ich bin (nicht) einverstanden.

Man muqobil ne.
ich gegen nein
Ich habe nichts dagegen.

Mumkin.   **Albatta, mumkin ast.**
möglich   *natürlich, möglich ist*
Es ist möglich.   Natürlich, es ist möglich.

Bo kamo̲l-i majl/chohisch.   **B̲a̲le, albatta.**
mit Fülle-IZ Wunsch   *ja, natürlich*
Mit großem Vergnügen.   Ja, natürlich.

Haq ba dshoni̲b-i schumo-st.   **Beschubha.**
Recht zu Seite-IZ ihr-ist   *zweifellos*
Sie haben Recht.   Zweifellos.

ablehnen

Ne.   **Taschakkur, man na-me-choh-am.**
nein   *danke, ich nicht-ME-will-ich*
Nein.   Danke, ich will nicht.

Mutaassifona madshbur-am, ki rad kun-am.
leider gezwungen-bin, dass Ablehnung mache-ich
Leider muss ich ablehnen./Leider nein.

Mutaassifona waqt na-dor-am.
leider Zeit nicht-habe-ich
Leider habe ich keine Zeit.

**Mutaassifona chohisch-aton-ro idshro karda
na-me-tawon-am.**
*leider Bitte-eure-AKK Erfüllung machen
nicht-ME-kann-ich*
Leider kann ich Ihre Bitte nicht erfüllen.

Man muqobil.   **Mumkin nest.**
ich gegen   *möglich nicht-ist*
Ich bin dagegen.   Das ist unmöglich.

In (kor) az imkon berun ast.
diese (Sache) aus Möglichkeit außerhalb ist
Das ist unmöglich.

sich entschuldigen, bedauern

Ma'zur dor-ed!   **Haj afsüs!**
Entschuldigungen habt-ihr   *na schade*
Entschuldigen Sie!   Schade!

beurteilen

Adshab zebo-st!
merkwürdig hübsch-ist
Wie hübsch!

Bisjor chusch!
sehr gut
Wunderbar!

In nihojat bad ast.
das schrecklich schlecht ist
Wie schrecklich!

Chusch ast.
angenehm ist
Das ist mir angenehm.

Neuigkeiten

Tschi nawigari hast?
welche Neuigkeit ist
Was gibt es Neues?

Tschi gap?
welches Gespräch
Worum handelt es sich?

glauben, meinen, hoffen, zweifeln

Man na̱-me-don-a̱m.
ich nicht-ME-weiß-ich
Ich weiß nicht.

Man jaqin dor-am.
ich Bestimmtheit hatte-ich
Ich bin sicher.

Man gumon me̱-kun-a̱m, ki ...
ich Gedanke ME-mache-ich, dass ...
Ich glaube, dass ...

Umedwo̱r-am, ki ...
Hoffender-bin, dass ...
Ich hoffe, dass ...

Man schubha dor-am.
ich Zweifel habe-ich
Ich bin im Zweifel.

Dar in chusus hedsh schubha nest.
in diese Sache kein Zweifel nicht-ist
Darüber gibt es keinen Zweifel.

Be-schubha.
ohne-Zweifel
Kein Zweifel.

Mumkin ast.
möglich ist
Vielleicht.

Dar woke'.
in geschehend
Wirklich!

Dar hakikat.
in Wahrheit
In der Tat!

um Erlaubnis fragen

Mumkin?
möglich
Darf ich/man?

Mumkin nest.
möglich nicht-ist
Man darf nicht.

Floskeln religiöser Herkunft

Az-baroi chudo!
um-willen/wegen Gott
Um Gottes willen!

Chudo-ro shukr!
Gott-AKK Dank
Gott sei Dank!

Die hier genannten Phrasen sind religiöser Herkunft und inzwischen zu festen Redewendungen geworden.

Chudo me-don-ad, ki me-don-ad!
Gott ME-weiß-er, wer ME-weiß-er
Weiß Gott!

Hedsh-ki na-me-don-ad, chudo me-don-ad!
niemand nicht-ME-weiß-er, Gott ME-weiß-er
Das wissen die Götter!

Chudo na-kun-ad!
Gott nicht-macht-er
Gott bewahre!

Chudo jor-at!
Gott hilft-er
Gott befohlen!

Das erste Gespräch

Zu Beginn eines Gespräches können folgende Wendungen ganz hilfreich sein, um die ersten Minuten des miteinander Bekanntwerdens zu überbrücken.

Marhamat, gü.	**Bemalol-boschad, gü-jed.**
bitte, sag	*bitte, sagt-ihr*
Sag, bitte.	Sagen Sie, bitte.

sich vorstellen

Tu ki hast-i?	**Schumo ki hast-ed?**
du wer bist-du	*ihr wer seid-ihr*
Wer bist du?	Wer sind Sie?

Nom̦-i tu tschi-st?	**Nom̦-i schumo tschi-st?**
Name-IZ du was-ist	*Name-IZ ihr was-ist*
Wie ist dein Name?	Wie ist Ihr Name?

Idshozat dih-ed chu̦d-ro schinosoņ-am, man …
Erlaubnis gebt-ihr selbst-AKK vorstelle-ich, ich …
Darf ich mich vorstellen, ich bin …

Idshozat dih-ed …-i chu̦d-ro bo schumo schinos kun-am.
Erlaubnis gebt-ihr …-IZ selbst-AKK mit ihr bekannt mache-ich
Gestatten Sie mir, Ihnen meine(n) … vorzustellen.

zan	düst	hamsafar
Frau	Freund	Mitreisender

Bisjor chursand-am, ki bo schumo schinos schud-am.

sehr froh-bin, dass mit ihr(euch) bekannt werde-ich

Es freut mich sehr, Ihre Bekanntschaft zu machen.

Schumo az kudsho omad-ed?   **Herkunft**

ihr aus wo kamt-ihr

Woher kommen Sie/kommt ihr?

Tu az kudsho omad-i?   Man az ... omad-am.

du aus wo kamst-du   ich aus ... kam-ich

Woher kommst du?   Ich komme aus ...

Germanija	Deutschland
Awstrija	Österreich
Schwejtsarija	Schweiz
Niderland	Niederlande

Schumo az kadom schahr omad-ed?

ihr aus welche Stadt kamt-ihr

Aus welcher Stadt kommen Sie/kommt ihr?

Berlin	Berlin	Dortmund	Dortmund
Bonn	Bonn	Dresden	Dresden
Gamburg	Hamburg	Djusseldorf	Düsseldorf
Kjoln	Köln	Mjunchen	München

Man dar Todshikiston jakumin bor hast-am.

ich in Tadschikistan erster Mal bin-ich

Ich bin zum ersten Mal in Tadschikistan.

Schahr-aton ba mo bisjor ma'qul schud.

Stadt-eure zu wir sehr passend wurde-sie

Ihre Stadt gefiel uns sehr.

Grund der Reise   **Schumo dar sch<u>a</u>hr-i mo tschi m<u>e</u>-kun-<u>e</u>d?**
ihr in Stadt-IZ wir was ME-macht-ihr
Was machen Sie in unserer Stadt?

Man istirohat m<u>e</u>-kun-<u>a</u>m.
ich Erholung ME-mache-ich
Ich erhole mich.

Man ba-sif<u>a</u>ti muchbir kor m<u>e</u>-kun-<u>a</u>m.
ich als Korrespondent Arbeit ME-mache-ich
Ich arbeite als Korrespondent.

Man ba Todshikiston ba-sif<u>a</u>t-i muchbir omad-am.
ich zu Tadschikistan als Korrespondent kam-ich
Ich bin als Korrespondent nach
Tadschikistan gekommen.

turist	Tourist
olim	Wissenschaftler
warzischgar	Sportler
sohibkor	Unternehmer

Schumo dar sch<u>a</u>hr-i mo kudsho zindagi m<u>e</u>-kun-<u>e</u>d?
ihr in Stadt-IZ wir wo Leben ME-macht-ihr
Wo wohnen Sie in unserer Stadt?

Man dar mehmonchona zindagi m<u>e</u>-kun-<u>a</u>m.
ich in Hotel Leben ME-mache-ich
Ich wohne in einem Hotel.

Alter   **Schumo tschan(d)-sol<u>a</u>-jed?**
ihr wieviel-jährig-seid
Wie alt sind Sie?

Tu tschan(d)-sola-i? **Man tschil-sola-am.**

du wieviel-jährig-bist *ich vierzig-jährig-bin*

Wie alt bist du? Ich bin 40 Jahre alt.

Kasb-i schumo tschi-st? Man me'mor hast-am. Beruf

Beruf-IZ ihr was-ist ich Architekt bin-ich

Was sind Sie von Beruf? Ich bin Architekt.

Kasb-i düst-i schumo tschi-st? Waj ... ast.

Beruf-IZ Freund-IZ ihr was-ist er ... ist

Was ist Ihr Freund von Beruf? Er ist ...

korgar	Arbeiter
duchtur	Arzt
chizmattschi	Angestellter
bekor	arbeitslos
nonwoj	Bäcker
dehkon	Bauer
chimik	Chemiker
tardshimon	Dolmetscher
fotograf, suratgir	Fotograf
sawdogar	Händler
todshir	Geschäftsmann
chonaschin	Hausfrau
inshener	Ingenieur
shurnalist	Journalist
oschpaz	Koch
rassom	Künstler
muallim	Lehrer
muallima	Lehrerin
mechanik	Mechaniker
muzikatschi	Musiker
sijosat-schinos	Politiker
adwokat	Rechtsanwalt

nafaqachür	Rentner
darzdüz	Schneider
müzadüz	Schuster
talaba	Schüler
student	Student
taksist	Taxifahrer
sohibkor	Unternehmer
duredgar	Zimmermann

Man dar zawod kor mẹ-kun-ạm.
ich in Werk Arbeit ME-mache-ich
Ich arbeite in einem Werk.

maktab	Schule
kasalchona	Krankenhaus
bank	Bank
institut	Institut

Zu Gast sein

Falls Sie während Ihrer Reise mit Tadschiken näher bekannt werden, laden sie Sie wahrscheinlich zum Abendessen ein. Sie bekommen dann eine gute Möglichkeit, die Menschen ein bisschen besser kennen zu lernen. In der Sprache gibt es für eine Einladung viele Ausdrücke. Das kann z. B. so klingen:

**Idshosat dih-ed, schumọ-ro ba-pẹschi mo
da'wat namo-jam.**
*Erlaubnis gebt-ihr, ihr-AKK zu wir Einladung
mache-ich*
Darf ich Sie zu uns einladen?

Imrüz ba-peschi mo ba mehmoni bi-jo!
heute zu wir zu Besuch komm
Komm heute zu uns zu Besuch!

Baroi da'wat-aton rahmat!
für Einladung-eure danke
Vielen Dank für die Einladung!

In vielen Haushalten, besonders auf dem Lande, wird auf dem Fußboden gegessen. Hierzu wird ein Tischtuch (dastarchon) ausgebreitet, um welches man sich herum setzt. In einem solchen Haus werden die Schuhe natürlich ausgezogen. Wenn man zu einem großen Fest (Hochzeit u. ä.) eingeladen wird, zieht man die Schuhe nicht aus.

Als kleines Geschenk können Sie Ihrem Gastgeber mitbringen: ein Andenken aus Ihrem Land, eine Flasche Kognak oder Wein, eine Delikatesse, Süßigkeiten für die Kinder, vielleicht (aber nicht unbedingt) Blumen (immer eine ungerade Anzahl).

tüj	Hochzeit
chatna	islam. Beschneidungsfest
id-i diplom	„Absolventenfest"
Fest-IZ Diplom	(z. B. Schulabschluss)

Marhamat, daro-jed!
bitte, hereingeht-ihr
Bitte, kommt / kommen Sie herein!

Bemalol-boschad, libos-aton-ro kasch-ed.
bitte, Kleidung-eure-AKK ablegt-ihr
Legt / Legen Sie bitte ab.

Marhamat, guzar-ed!   **Marhamat, schin-ed!**
bitte, herkommt-ihr   *bitte, sich-setzt-ihr*
Kommen Sie bitte her! Setzen Sie sich, bitte!

Es ist Sitte, immer wieder die Kochkünste der
Hausfrau zu loben:

Taom ch<u>e</u>le, ch<u>e</u>le laziz-ast.
Essen sehr, sehr schmackhaft-ist
Das Essen schmeckt sehr gut.

Voh, voh, tschi laziz-ast!
hmm, hmm, was schmackhaft-ist
Hmmmm, es schmeckt hervorragend!

Schr<u>o</u>b-i schumo ba man ma'qul-ast.
Wein-IZ ihr(euer) zu ich passend-ist
Mir gefällt Ihr Wein.

Wenn Tadschiken **Marhamat, gir-ed! Ba taom nigoh-kun-ed!**
zu Tisch bitten, *bitte, nehmt-ihr, zu Speise Beachtung-macht-ihr*
beschränkt man sich Bitte nehmen Sie noch etwas! Essen Sie bitte!
nicht auf Tee und
Süßigkeiten, der Gast **Taschakkur, man kajho haqiqatan s<u>e</u>r-am.**
wird reichlich bewirtet. *danke, ich schon wirklich satt-bin*
Danke, ich bin schon wirklich satt.

Familie **Schumo zan/schawhar dor-ed?**
ihr(eure/r) Frau/Ehemann habt-ihr
Sind Sie verheiratet? *(zum Mann/zur Frau)*

Man zan/schawhar dor-am.
ich Frau/Ehemann habe-ich
Ich bin verheiratet. *(sagt Mann/Frau)*

Man mudsharrad hast-am.
ich ledig bin-ich
Ich bin ledig. *(sagt Mann)*

Man schawhar na-dor-am.

ich Ehemann nicht-habe-ich

Ich bin ledig. *(sagt Frau)*

Oila-aton kalon-mi? **Farzand-aton hast-mi?**

Familie-eure groß-? *Kind-euer ist-?*

Haben Sie eine große Haben Sie Kinder?
Familie?

Schumo tschan(d) farzan(d) dor-ed?

ihr wieviel Kind habt-ihr

Wie viele Kinder haben Sie?

Man se farzan(d) dor-am: du pisar-u jak duchtar.

ich drei Kind habe-ich: zwei Sohn-und eins Tochter

Ich habe 3 Kinder: 2 Söhne und 1 Tochter.

Man farzan(d) na-dor-am.

ich Kind nicht-habe-ich

Ich habe keine Kinder.

Farzan(d)-ho-i schumo tschan(d)-sola-an(d)?

Kinder-Mz-IZ ihr wieviel-jährig-sind(-sie)

Wie alt sind Ihre Kinder?

Padar-u madar-aton zinda-an(d)?

Vater-und Mutter-eure lebend-sind(-sie)

Sind Ihre Eltern am Leben?

Barodar-u chohar-aton hast-mi?

Bruder-und Schwester-eure ist-?

Haben Sie Geschwister?

Bei Tisch kann man über seine Herkunft, Beruf, seine Familie und so weiter sprechen. Dastarchon bedeutet nämlich nicht nur den Platz für das Mittagessen, sondern auch für Gespräche.

padar	Vater
modar	Mutter
tifl, küdak	Kind
pisarbatscha	Knabe
duchtartscha	Mädchen
barodar	Bruder
aka	älterer Bruder
dodar, uka	jüngerer Bruder
chohar	Schwester
chohar-i kalon, apa	ältere Schwester
Schwester-IZ große	
bobo	Opa
modarkalon, bibi	Oma
pisar	Sohn
duchtar	Tochter
amak	Onkel (väterlicherseits)
tagho	Onkel (mütterlichers.)
amma	Tante (väterlicherseits)
chola	Tante (mütterlichers.)
janga	Tante (Schwester des Onkels)

sich verabschieden Auch bei der Verabschiedung küsst man sich als Zeichen herzlicher Verbundenheit leicht auf die Wangen (nur unter Männern bzw. unter Frauen).

Wollen Sie gehen und sich verabschieden, können Sie sagen:

Chajr, to didana!   **Chajr, salomat bosch-ed!**
Güte, bis Wiedersehen   *Güte, gesund seid-ihr*
Auf Wiedersehen!   Leben Sie wohl!

Unterwegs

In Tadschikistan halten die Namen von
Straßen und Plätzen nicht ewig. Politische Re-
gimes ändern sich, und dann werden auch
wieder Straßen/Gebäude umbenannt. Wenn
Sie nach dem Weg fragen, müssen Sie bedenken, dass viele entweder den alten oder den
neuen Namen nicht kennen.

in der Stadt

In kütscha/majdon tschi nom dor-ad?
diese Straße/Platz welcher Name hat-er
Wie heißt diese Straße / dieser Platz?

In bogh tschi nom dor-ad?
dieser Park welcher Name hat-er
Wie heißt dieser Park?

Ba wokzal bo kadom roh raftan mumkin ast?
zu Bahnhof mit welcher Weg gehen möglich ist
Wie komme ich / kommen wir zum
Bahnhof?

Mo hozir dar kudsho hast-em?
wir jetzt in wo sind-wir
Wo sind wir jetzt?

Hozir mo dar markaz-i schahr hast-em.
jetzt wir in Zentrum-IZ Stadt sind-wir
Wir befinden uns jetzt im Stadtzentrum.

Unterwegs

Man ... me̱-dshü-ja̱m. **Mo me̱-choh-e̱m ...-ro tamoscho kun-em.**
ich ... ME-suche-ich *wir ME-wollen-wir ...-AKK Besichtigung machen-wir*
Ich suche ... Wir möchten (der/die/das) ... besichtigen.

зкскурсия	**eksku̱rsija**	Ausflug
баромадгоҳ	**baromadgoh**	Ausgang
китобхона	**kitobchona**	Bibliothek
пул, кӯпрук	**pul, küpruk**	Brücke
ҳайкал	**hajkal**	Denkmal
қишлоқ	**qischloq**	Dorf
даромадгоҳ	**daromadgoh**	Eingang
тангкӯча	**tangkütscha**	Gasse
қасри маданият	**qa̱sr-i madanijat**	Kulturpalast
	Palast-IZ Kultur	
музей	**muzej**	Museum
ҷой, макон	**dshoj, makon**	Ort, Stelle
қаср	**qasr**	Palast
боғ	**bogh**	Park
майдон	**majdon**	Platz
қальа	**qal'a**	Schloss
ҷои тамошобоб	**dsho̱-i tamoschobob**	Sehenswürdigkeit
	Ort-IZ sehenswürdig	
стадион	**stadion**	Stadion
шаҳр	**schahr**	Stadt
нақшаи шаҳр	**naqscha̱-i schahr**	Stadtplan
	Plan-IZ Stadt	
кӯча	**kütscha**	Straße
театр	**teatr**	Theater
университет	**uniwersitet**	Universität
боғи ҳайвонот	**bo̱gh-i hajwonot**	Zoo
	Park-IZ Tiere	

To on-dsho dur ast?   **Ne, dur nest.**

bis dort weit ist   *nein, weit nicht-ist*

Ist es weit bis dorthin? Nein, es ist nicht weit.

Ba̱le, in dar beru̱ni schahr ast.

ja, das in außerhalb Stadt ist

Ja, es liegt außerhalb der Stadt.

Rost to tschorraha raw-ed.

geradeaus bis Kreuzung geht-ihr

Gehen Sie geradeaus bis zur Kreuzung.

Ba'd ba tara̱f-i tschap raw-ed.

dann zu Seite-IZ linke geht-ihr

Dann gehen Sie nach links.

I̱n-ro dar charita nischon dih-ed.

das-AKK auf Karte Zeichen gebt-ihr

Zeigen Sie das bitte auf der Karte.

Schilder

даромадгох	**daromadgoh**	Eingang, Einfahrt
баромадгох	**baromadgoh**	Ausgang, Ausfahrt
роҳи давродавр	**roh-i dawrodawr**	Umleitung
	Weg-IZ kreisförmig	
даромадан манъ аст	**daromadan man' ast**	Betreten verboten!
	eingehen verboten ist	
Диққат кунед!	**diqqat kun-ed**	Achtung!
	Achtung macht-ihr	
Гузаштан манъ аст	**guzaschtan man' ast**	Gesperrt!
	Durchfahrt verboten ist	
Истед!	**isted**	Stopp!

Unterwegs

mit öffentlichen Verkehrsmitteln

An den Haltestellen können Sie folgende Schilder sehen:

In allen Städten gibt es mindestens eins der folgenden öffentlichen Verkehrsmittel: Bus, Straßenbahn oder Trolleybus (Elektrobus, der mit Strom aus Oberleitungen fährt).

АВТОБУС	**awt̲o̲bus**	Bus
ТРАМВАЙ	**tramwaj**	Straßenbahn
ТРОЛЛЕЙБУС	**trol̲e̲jbus**	Trolleybus
ИСТГОҲ	**istgoh**	Haltestelle
НАҚШАИ МАРШРУТҲО	**naqsch̲a̲-i marschrut-ho**	Linienplan
	Plan-IZ Linie-Mz	

In größeren Städten gibt es viele Linien, und für gewöhnlich kann man in Zeitungskiosken einen Linienplan kaufen. Haben Sie keinen, müssen Sie die anderen Fahrgäste fragen.

In awt̲o̲bus ba kudsho m̲e̲-raw-a̲d?
dieser Bus zu wo ME-geht-er
Wohin fährt dieser Bus?

Istgoh-i trol̲e̲jbus dar kudsho ast?
Haltestelle-IZ Trolleybus in wo ist
Wo ist die Obus-Haltestelle?

Ba on-dscho bo awt̲o̲bus raftan mumkin-mi?
zu dort mit Bus fahren möglich-?
Kann man mit einem Bus dorthin kommen?

Awt̲o̲bus ba ... kaj harakat m̲e̲-kun-a̲d?
Bus zu ... wann Bewegung ME-macht-er
Wann fährt der Bus nach ... ab?

Ba man kaj baromadan lozim?
zu ich wann aussteigen nötig
Wann muss ich aussteigen?

84 | haschtod-u tschor

Man dar in-dsho me-faro-jam.

ich in hier ME-aussteige-ich

Ich steige hier aus.

Schumo dar sejüm istgoh faromadan-aton darkor.

ihr an dritte Haltestelle aussteigen-euer nötig

Sie müssen an der 3. Haltestelle aussteigen.

Baroi bor tschan(d) pul dodan darkor ast?

für Gepäck wieviel Geld geben nötig ist

Wie viel muss ich fürs Gepäck zahlen?

mit dem Taxi

Wenn Sie nicht allzu viel bezahlen wollen, nehmen Sie sich bitte kein Taxi vor touristischen Brennpunkten (Flughafen, Sehenswürdigkeiten)! Hier setzen sowohl Taxifahrer als auch Privatwagenfahrer Wucherpreise fest. An touristischen Brennpunkten sind Sie mit öffentlichen Verkehrsmitteln auf jeden Fall besser beraten.

Neben Taxen können Sie auch Privatwagen „anheuern". Das ist durchaus üblich! Hinsichtlich Preise und Bedienung gibt es keinen Unterschied. Verständigen Sie sich über den Preis beim Einsteigen.

Bo taksi sawor-schaw-em.

mit Taxi einsteigen-wir

Nehmen wir ein Taxi.

ТАКСӢ	**taksi**	Taxi
ТАКСИИ МАРШРУТӢ	**taksi-i marschruti** *Taxi-IZ linear*	Linien-/Sammeltaxi
ИСТГОҲИ ТАКСӢ	**istgoh-i taksi** *Haltestelle-IZ Taxi*	Taxistand

Linientaxis fahren wie Busse auf bestimmten Strecken und sammeln auf dieser Route die Fahrgäste ein.

Ba mo taksi̱-ro dshegh zadan lozim ast.
zu wir Taxi-AKK Ruf schlagen nötig ist
Wir müssen ein Taxi bestellen.

Bor dor-ed-mi?
Gepäck habt-ihr-?
Haben Sie Gepäck?

Ne, na̱-dor-a̱m.
nein, nicht-habe-ich
Nein, habe ich nicht.

Ba̱le, dor-am.
ja, habe-ich
Ja, habe ich.

Man jak tschamadon dor-am.
ich eins Koffer habe-ich
Ich habe einen Koffer.

Schumo ba kudsho raftan me̱-choh-e̱d?
ihr zu wo fahren ME-wollt-ihr
Wohin wollen Sie fahren?

Ma̱-ro ba aeroport bar-ed.
ich-AKK zu Flugh. bringt-ihr
Zum Flughafen, bitte.

Man me̱-schitob-a̱m.
ich ME-eile-ich
Ich habe es eilig.

Mumkin bosch-ad, dar hamin-dsho ist-ed.
möglich ist-er, in hier haltet-ihr
Halten Sie hier an.

Man tschi-qadar pul bojad dih-am?
ich wieviel Geld nötig gebe-ich
Wie viel bin ich schuldig?

mit der Eisenbahn

Es gibt verschiedene Arten von Zügen und Waggons. Nur wenige Züge haben bequeme Wagen und gute Bedienung. Züge für den Vorort- und Kurzstreckenverkehr sind meist recht spartanisch eingerichtet.

касса	**kassa**	Schalter, Kasse
зали интизорй	**zal-i intizori**	Wartesaal
	Saal-IZ wartend	
харакат	**harakat**	Abfahrt
омодан	**omodan**	Ankunft

Die meisten Züge haben in jedem Wagen einen Schaffner (prowodnik), der den Wagen heizt, das Bettzeug austeilt und Tee kocht.

Eine Reise mit der Eisenbahn ist zwar nicht immer so bequem, aber wenigstens aus einem Grund nützlich: Man bekommt Gelegenheit, interessante Bekanntschaften zu machen.

In größeren Städten kann man vom Hotel aus Bahnfahrkarten telefonisch bestellen und sie sich ins Hotel bringen lassen. In kleineren Orten muss man sich für seine Fahrkarte selber in eine Schlange an der Kasse stellen ...

Pojezd ba Samarqand kaj me-raw-ad?
Zug zu Samarkand wann ME-geht-er
Wann fährt ein Zug nach Samarkand?

Bufet/medpunkt dar kudsho ast?
Imbisshalle/Sanitätsraum in wo ist
Wo ist die Imbisshalle / der Sanitätsraum?

Ba man to ... du bilet ba wagon-i muloim dih-ed.
zu ich bis ... zwei Fahrkarte zu Waggon-IZ weich gebt-ihr
Ich möchte zwei Fahrkarten 1. Klasse nach ...

Schumo to kudsho me-raw-ed?
ihr bis wo ME-fahrt-ihr
Wohin fahren Sie?

Man to Moskwa me-raw-am.
ich bis Moskau ME-fahre-ich
Ich fahre nach Moskau.

вокзал	**wokzal**	Bahnhof
платформа	**platf<u>o</u>rma**	Bahnsteig
рох	**roh**	Gleis
рохи охан	**r<u>o</u>h-i ohan**	Eisenbahn
	Bahn-IZ Eisen	
поезди тезгард	**p<u>o</u>jezd-i tezgard**	(Schnell-)Zug
	Zug-IZ schnell	
вагони чоихобдор	**wag<u>o</u>n-i dshoichobdor**	Schlafwagen
	Wagen-IZ schlafend	
вагон-ресторан	**wag<u>o</u>n-restoran**	Speisewagen
	Wagen-Restaurant	
станция	**st<u>a</u>ntsija**	Station
бор	**bor**	Gepäck
багочхона	**baghodshchona**	Gepäckaufbewahrung
чадвали харакати поездхо	**dshadw<u>a</u>l-i har<u>a</u>kat-i p<u>o</u>jezd-ho**	Fahrplan
	Plan-IZ Bewegung-IZ Zug-Mz	
билет	**bilet**	Fahrkarte
плацкарта	**platsk<u>a</u>rta**	Platzkarte
билети бозгашт	**bil<u>e</u>t-i bozgascht**	Rückfahrkarte
	Fahrkarte-IZ rückläufig	
дермонй	**dermoni**	Verspätung
расо	**raso**	pünktlich
вагони мулоим	**wag<u>o</u>n-i muloim**	erste Klasse
	Waggon-IZ weich	
вагони купенок	**wag<u>o</u>n-i kupenok**	zweite Klasse
	Waggon-IZ mit-Abteilen	
рафтуомад	**raftuomad**	hin und zurück

Eine „Platzkarte" braucht man immer dann,
wenn man weit fährt und auch im Zug schlafen möchte. Für „kurze" Strecken (3-4 Stun-
den) wählt man die preiswertere „Fahrkarte".

Pojezd kaj me-ras-ad?
Zug wann ME-ankommt-er
Wann kommt der Zug an?

Pojezd dar waqt-asch me-o-jad.
Zug in Zeit-seine ME-kommt-er
Der Zug kommt rechtzeitig an.

Pojezd der me-o-jad.
Zug spät ME-kommt-er
Der Zug hat Verspätung.

In wagon baroi tamokukasch-ho-mi?
dieser Wagen für Raucher-Mz-?
Ist das der Raucherwagen?

Ne, in wagon-i tamoku-na-mekaschidagi-ho.
nein, dieser Wagen-IZ Tabak-nicht-ziehend-Mz
Nein, dies hier ist ein Nichtraucher-Wagen.

In kadom stantsija?
das welche Station
Wie heißt diese Station?

**Istgoh-i nawbati-i mo dar kudsho
me-schaw-ad?**
Station-IZ nächste-IZ wir in wo ME-wird-er
Wie heißt die nächste Station?

mit dem Auto

Die Autotouristik und der damit verbundene
Service ist in Tadschikistan eher unterent-
wickelt. Nichtsdestotrotz ist eine Autotour
sehr interessant.

мошин – шофёр	**moschin – schofjor**	Auto – Fahrer
СБА	**es-be-a** (Abk.)	Tankstelle
СХТ	**es-cha-te** (Abk.)	Autowerkstatt
андохтан	**andochtan**	tanken
рондан	**rondan**	fahren (Auto)
дар тавоққур мондан	**dar tawoqqur mondan** *auf Parkstelle stellen*	parken
таъмир кардан	**ta'mir kardan** *Reparatur machen*	reparieren
кашида-бурдан	**kaschida-burdan**	abschleppen

Ba Norak bo kadom roh raftan mumkin ast?
zu Norak mit welcher Weg fahren möglich ist
Wie kommt man nach Norak?

To Schahr dur ast?
bis Schahr weit ist
Ist es weit bis der Stadt?

Man ba Chorugh durust me̲-raw-a̲m?
ich zu Chorugh richtig ME-fahre-ich
Bin (fahre) ich hier richtig nach Chorugh?

Mehmonchona garash dor-ad-mi?
Hotel Garage hat-er-?
Hat das Hotel eine Garage?

Tanken

солярка **solarka** Diesel
бензин **benzin** Benzin

Benzingiri/ustochona dar kudsho ast?
Tankstelle/Werkstatt in wo ist
Wo ist eine Tankstelle/Werkstatt?

Labrez kun-ed.
voll macht-ihr
Bitte voll tanken.

Autopanne

Мошини ман шикаст.
Moschi̱-i man schikast.
Auto-IZ ich kaputtging
Mein Auto hat eine Panne.

Эҳтимол, ... шикаст.
Ehtimol, ... schikast.
wahrscheinl., ... kaputtging
Ich glaube, ... ist kaputt.

Шина кафид.
Schina kafid.
Reifen platzte
Der Reifen platzte.

Ман дучори авария шудам.
Man dutscho̱r-i awa̱rija schud-am.
ich unterworfen-IZ Unfall wurde-ich
Ich hatte einen Unfall.

Шумо маро кашида бурда метавонед?
Schumo ma̱-ro kaschida-burda me̱-tawon-e̱d?
ihr ich-AKK abschleppen ME-könnt-ihr
Können Sie mich abschleppen?

Ман авйрон шудан дар мотор дорам.
Man wa̱jron-schudan dar motor do̱r-am.
ich Kaputt-Werden in Motor habe-ich
Ich habe einen Motorschaden.

Шумо маро то шаҳр бурда метавонед?
Schumo ma̱-ro to schahr burda me̱-tawon-e̱d?
ihr ich-AKK bis Stadt mitnehmen ME-könnt-ihr
Können Sie mich bis in die Stadt mitnehmen?

Аккумулятор безаряд шуд.
Akumula̱tor bezarjad schud.
Batterie ohne-Ladung wurde
Die Batterie ist leer.

тир	**tir**	Achse
таноб	**tanob**	Abschleppseil
аккумулятор	**akumulator**	Batterie
ба аккумулятор заряд додан	**ba akumulator zarjad dodan** *zu Batterie Ladung geben*	Batterie laden
баки бензин	**baki benzin** *Tank-IZ Benzin*	Benzintank
тормоз	**tormoz**	Bremsen
педали газ	**pedal-i gaz** *Pedal-IZ Gas*	Gaspedal
педали тормоз	**pedal-i tormoz** *Pedal-IZ Bremse*	Bremspedal
моеи тормоз	**moje-i tormoz** *Flüssigkeit-IZ Bremse*	Bremsflüssigkeit
ронанда	**ronanda**	Fahrer
хукуки ронандагӣ	**huquq-i rondagi** *Schein-IZ des-Fahrers*	Fahrerschein
фашанги суръат	**faschang-i sur'at** *Schaltung-IZ Geschwindigkeit*	Gangschaltung
суръат	**sur'at**	Geschwindigkeit
суръаткуттӣ	**sur'atqutti**	Getriebe
болғача	**bolghatscha**	Hammer
сигнал	**signal**	Hupe
кабель	**kabel**	Kabel
кузов	**kuzow**	Karosserie
тасма	**tasma**	Keilriemen
радиатор	**radiator**	Kühler
кӯпала	**küpala**	Kupplung
руль	**rul**	Lenkrad
чихозоти суккон	**dshihozot-i sukkon** *Geräte-IZ Lenkrad*	Lenkung

мотор	**motor**	Motor
гайка	**gajka**	Mutter
равған	**rawghan**	Öl
шина	**schina**	Reifen
фишори дар шина	**fischor dar schina** *Druck in Reifen*	Reifendruck
чархи зҳтиётӣ	**tscharch-i ehtijoti** *Rad-IZ Reserve*	Reserverad
шишатозакунак	**schischatozakunak**	Scheibenwischer
чароғ	**tscharogh**	Scheinwerfer
мухофиз	**muhofiz**	Sicherung
рӯда	**rüda**	Schlauch
болт	**bolt**	Schraube
калиди гайкатобӣ	**kalid-i gajkatobi** *Schlüssel-IZ für-Muttern*	Schraubenschlüssel
винттоб(ак)	**winttob(ak)**	Schraubenzieher
амортизатор	**amortizator**	Stoßdämpfer
тахометр	**tachometr**	Tachometer
клапан	**klapan**	Ventil
карбюратор	**karbjurator**	Vergaser
домкрат	**domkrat**	Wagenheber
асбоб	**asbob**	Werkzeug
шамъ	**scham'**	Zündkerze
калиди афрӯзиш	**kalid-i afrüzisch** *Schlüssel-IZ Zündung*	Zündschlüssel
цилиндр	**tsilindr**	Zylinder

Шумо инро таъмир карда метавонед?
Schumo in-ro ta'mir karda me-tawon-ed?
ihr das-AKK Reparatur machen ME-könnt-ihr
Können Sie das reparieren?

Таъмир чанд вақт давом мекунад?
Ta'mir tschan(d) waqt dawom me̲-kun-a̲d?
Reparatur wieviel Zeit Verlauf ME-macht-sie
Wie lange wird die Reparatur dauern?

АЭРОПОРТ
(Flughafen)

*Im Flughafen
Duschanbe gibt es
einen besonderen
Wartesaal mit Extra-
Service für Ausländer.
In kleineren Städten
kann man auf
Flugplätzen kein
europäisches Niveau
erwarten.*

mit dem Flugzeug	
samolot	Flugzeug
aeroport	Flughafen
ro̲h-i hawoi	Fluglinie
Weg-IZ der-Luft	
stjuarde̲sa	Stewardess
paridan	fliegen
parida raftan	abfliegen
fliegen gehen	
parwoz kardan	starten
Flug machen	
dermoni	Verspätung

Bilet dar kudsho me̲-furüsch-a̲n(d)?
Ticket in wo ME-verkaufen-sie
Wo werden Tickets verkauft?

Baro̲i fardo bilet na̲-dor-e̲m ...
für morgen Ticket nicht-haben-wir ...
Für morgen gibt es keine Tickets ...

... faqat baro̲i pasfardo.
... nur für übermorgen
... nur für übermorgen.

Chub, baro̲i pasfardo jak bilet dih-ed.
gut, für übermorgen eins Ticket gebt-ihr
Gut, geben Sie mir eins für übermorgen.

Samolot ba Toschkent kaj me̲-par-a̲d?

Flugzeug zu Taschkent wann ME-fliegt-es

Wann fliegt das Flugzeug nach Taschkent?

**Parwo̲z-i samolot tschi-qadar dawom
me̲-kun-a̲d?**

Flug-IZ Flugzeug wieviel Verlauf ME-macht-er

Wie lange dauert der Flug?

Samolo̲t-i mo kaj me̲-ras-a̲d?

Flugzeug-IZ wir wann ME-ankommt-es

Wann kommt unser Flugzeug an?

Essen & Trinken

Restaurants, wie man sie in Europa kennt,
gibt es nur in größeren Städten. Restaurants
mit Nationalgerichten in kleineren Städten
gleichen eher Imbiss-Stuben.

ресторан	**restoran**	Restaurant
қаҳвахона	**qahwachona**	Café
буфет	**bufet**	(Steh-)Imbiss
дӯкони кабобпазӣ (шашликпазӣ)	**dükon-i kabobpazi (schaschlikpazi)**	Schaschlik-Imbiss
	Laden-IZ Schaschlik-Koch	
ошхона	**oschchona**	Speisesaal
чойхона	**tschojchona**	Teestube
дӯкони шираворфурӯшӣ	**dükon-i schirawor-furüschi**	Konditorei
	Laden-IZ Zuckerbäcker	
бар	**bar**	Bar

Frühstück

тухмбирьён	**tuchmbirjon**	Eierkuchen
колбаса	**kolbasa**	Wurst
ветчина	**wettschina**	Schinken
панир	**panir**	Käse
бутерброд	**buterbrod**	belegtes Brot
мураббо	**murabbo**	Konfitüre
қаймоқ	**qajmoq**	Sahne
чой	**tschoj**	Tee
қахва	**qahwa**	Kaffee
равған	**rawghan**	Butter
булочка	**b<u>u</u>lotschka**	Brötchen

Ba man nazar-ba tschoj qahwa beschtar ma'qul ast.

zu ich als Tee Kaffee mehr passend ist
Ich mag Kaffee lieber als Tee.

Man gurusna schud-am.   **Man taschna hast-am.**
ich hungrig wurde-ich   *ich durstig bin-ich*
Ich habe Hunger.   Ich habe Durst.

noschito	Frühstück
chür<u>o</u>k-i peschin	Mittagessen
Essen-IZ Mittag	
schom	Abendbrot

im Restaurant

Ba mo to so<u>a</u>t-i haft dastarchon pahn-kardan mumkin?

zu wir bis Stunde-IZ sieben Tischtuch breit-machen möglich
Können wir einen Tisch gegen 7 Uhr haben (bestellen)?

Baroi tschar nafar dastarchon pahn-kardan mumkin?

für vier Person Tischtuch ausbreiten möglich
Können wir einen Tisch für vier Personen haben?

Stol-i choli hast-mi?   **Ha, marhamat.**

Tisch-IZ frei ist-?   *ja, bitte*
Gibt es einen freien Tisch?   Ja, bitte.

Ne, mutaassifona stol-i choli nest.

nein, leider Tisch-IZ frei nicht-ist
Nein, es ist leider alles besetzt.

Restoran tschi waqt basta me-schaw-ad?

Restaurant welche Zeit geschlossen ME-wird-er
Wann schließt das Restaurant?

Schumo tschi me-choh-ed?

ihr was ME-wollt-ihr
Was möchten Sie (essen)?

Bemalol-boschad, rüjchat-l taom-ho-ro dih-ed.

bitte, Liste-IZ Gericht-Mz-AKK gebt-ihr
Geben Sie mir bitte die Speisekarte.

рӯйхати таомхо	**rüjchat-i taom-ho**	Speisekarte
хӯрши, газак	**chürschi, gazak**	Vorspeise
шӯрбо	**schürbo**	Suppe
таоми дуйӯм	**taom-i dujüm**	Hauptgericht
	Gericht-IZ zweite	
десерт	**desert**	Dessert
нӯшокихо	**nüschoki-ho**	Getränke

Kadom taom-ho̲-i güschtin dor-ed?
welche Gericht-Mz-IZ fleischern habt-ihr
Welche Fleischgerichte haben Sie?

Tuschbera hast-mi?   **Güschtbirjon hast.**
Tuschbera ist-?   *Güschtbirjon ist*
Haben Sie Tuschbera? Es gibt Güschtbirjon.

Man laghmon me̲-choh-a̲m.
ich Laghmon ME-will-ich
Ich möchte einen Laghmon.

Ba man, marhamat-karda, jak palaw dih-ed.
zu ich, bitte, eins Palaw gebt-ihr
Geben Sie mir bitte einen Palaw.

**In schaschli̲k-i gü̲scht-i güsfan(d) jo
gü̲scht-i gow ast?**
*das Schaschlik-IZ Fleisch-IZ Hammel oder
Fleisch-IZ Rind ist*
Ist das Hammel- od. Rindfleisch-Schaschlik?

Taom-ho̲-i be güscht hast-mi?
Gericht-Mz-IZ ohne Fleisch ist-?
Haben Sie etwas ohne Fleisch?

Man güschtnachüranda hast-am.
ich Vegetarier bin-ich
Ich bin Vegetarier.

Osch schaw-ad!   **Ba salomati̲-i tu/schumo!**
Speise wird-er   *zu Gesundheit-IZ du/ihr*
Guten Appetit!   Zum Wohl! Prost!

Boz jak ... bi-jor-ed.

noch eins ... BI-bringt-ihr

Bringen Sie bitte noch ein/e ...

tabaqtscha	Teller
kosatscha, pilola	Tasse
stakan	Glas
tschangtscha	Gabel
kord	Messer
qoschuq	Löffel

Tschi-qadar man bojad pul dih-am?

wieviel ich nötig Geld gebe-ich

Wie viel muss ich zahlen?

Nationalgerichte

Die tadschikische Küche kennt zahlreiche Nationalgerichte. Im Gegensatz zu uns essen die meisten Tadschiken kein Schweinefleisch, weil das im Widerspruch zu ihrer Religion steht, stattdessen bereitet man viele Gerichte mit Pferdefleisch zu.

	Suppen
mostoba мостоба Reissuppe mit Hackfleisch	
schürbo шўрбо traditionelle tadschikische dicke Suppe mit Hammel- oder Rindfleisch, Tomaten und Zwiebeln	
karamschürbo карамшўрбо Gemüsesuppe mit Fleisch, Kohl, Zwiebeln, Bohnen, Knoblauch u. ä.	

nachüdschürbo нахӯдшӯрбо
Erbsensuppe mit Hammel- oder Rind-
fleisch

schirschula ширшула
Reismilchsuppe

Hauptgerichte

Die hier aufgeführten Nationalgerichte kann man zu Mittag, aber auch am Abend im Restaurant bestellen.

laghmon лағмон
Nudeln mit Fleisch, Möhren, Kohl,
Tomaten; angebraten und in Bouillon
geschmort

tuschbera тушбера
kleine, mit Fleisch gefüllte Teigtaschen

palaw палав
gekochter Reis mit Hammelfleisch,
Möhren, Knoblauch und Tomatensoße

sichkabob сихкабоб
Schaschlik

lülakabob лӯлакабоб
Schaschlik aus Hackfleisch

sanbüsa санбӯса
Pasteten mit Hammelfleisch

kaduschüla кадушӯла
Kürbisgrütze oder -brei

dülma дӯлма
Gehacktes mit Reis in Kraut- oder Wein-
blättern

qawurdogh қавурдоғ,
güschtbirjon гӯштбирьён
verschiedene Braten

Als Getränk etwas gewöhnungsbedürftig ist
der Tee mit Milch, Butter, Salz und Pfeffer ...

tschoi kabud чои кабуд		tadschikische
grüner Tee		Getränke
qahwai bo usuli turki		
қаҳваи бо усули туркӣ		
türkischer Kaffee		
qimiz қимиз		
leicht alkoholische Stuten-Sauermilch		
schirtschoj ширчой		
Tee mit Milch, Butter, Salz und Pfeffer		
dshughrot чуғрот, **dshurghot** чурғот		
dicke Milch		

оби маъдандор	**obi ma'dandor**	Mineral-wasser	internationale
			Getränke
шир	**schir**	Milch	
какао	**kakao**	Kakao	
шарбат, шира	**scharbat, schira**	Saft	
лимонад	**limonad**	Limonade	
қаҳва	**qahwa**	Kaffee	
пиво	**piwo**	Bier	
шароб	**scharob**	Wein	
маи шампан	**mai schampan**	Sekt	
коньяк	**konjak**	Kognak	
ром	**rom**	Rum	
арақ	**araq**	Wodka	

Tschi me-nüsch-em?
was ME-trinken-wir
Was werden/wollen wir trinken?

Man araq na-me-nüsch-am.
ich Wodka nicht-ME-trinke-ich
Ich trinke keinen Wodka.

Jak rjumkagi konjak nüsch-em tschi?
eins Glas Kognak trinken-wir was
Trinken wir vielleicht etwas Kognak?

Bemalol-boschad, jak schischa schar<u>o</u>b-i „Hisor" bi-jor-ed.
bitte, eins Flasche Wein-IZ „Hissor" BI-bringt-ihr
Bringen Sie bitte eine Flasche Wein „Hissor".

In scharob ba man ma'qul ast.
dieser Wein zu ich passend ist
Ich mag diesen Wein.

Kaufen & Handeln

In Geschäften, Supermärkten etc. kann man nicht handeln, auf dem Markt ist es aber üblich. Versuchen Sie es auch einmal!

Mo m<u>e</u>-choh-<u>e</u>m ba magazin raw-em.
wir ME-wollen-wir zu Geschäft gehen-wir
Wir möchten einkaufen gehen.

Magaz<u>i</u>n-i libos dar kudscho ast?
Geschäft-IZ Kleidung in wo ist
Wo ist ein Konfektionsgeschäft?

magazin магазин	Geschäft
uniwermag универмаг	Kaufhaus

magaz<u>i</u>n-i libos магазини либос *Laden-IZ Kleidung*	Konfektionsgeschäft
magaz<u>i</u>n-i ozuqa магазини озуқа *Laden-IZ Lebensmittel*	Lebensmittelgeschäft
gastronom гастроном	Lebensmittelgeschäft
magaz<u>i</u>n-i kitob магазини китоб *Laden-IZ Buch*	Buchhandlung
dük<u>o</u>n-i non-for<u>ü</u>schi дӯкони нонфорӯшй *Laden-IZ Brot-Verkauf*	Bäckerei
dük<u>o</u>n-i attori дӯкони атторй *Laden-IZ Parfümerie*	Parfümerie
dükontscha дӯконча	Kiosk

... dar kudsho harid-an mumkin?

... in wo kaufen möglich
Wo kann man ... kaufen?

safolot	Keramik
soz-f<u>o</u>-i muziqi *Instrument-Mz-IZ Musik*	Musikinstrumente
kaseta-h<u>o</u>-i musiqi-i todshiki *Kassette-Mz-IZ Musik-IZ tadschikisch*	Kassetten mit tadschikischer Musik
mahsul<u>o</u>t-i zargari *Waren-IZ juwelieren*	Schmuck(waren)

bozintscha-ho	Spielzeug
qolin	Teppich
mato'-ho-i todshiki	tadschikische Stoffe
Stoff-Mz-IZ tadschikisch	
soat-ho	Uhren

In ba man ma'qul.	**In ba man ma'qul nest.**
das zu ich passend	*das zu ich passend nicht-ist*
Das gefällt mir.	Das gefällt mir nicht.

Kostjum muwofiq na-omada-ast.
Anzug passend nicht-gekommen-ist
Der Anzug passt mir nicht.

auf dem Markt

Ein orientalischer Markt (bozor) ist sowohl in
der Stadt als auch im Dorf ein malerischer
Fleck mit all seinem Gedränge, herumfahren-
den Eselkarren und Händlern in bunter Kleidung, die ihre Ware anpreisen.

**Jak kilogram-i in angur tschan(d) pul
me-ist-ad?**
*eins Kilo-IZ diese Weintrauben wieviel Geld
ME-kostet-es*
Wie viel kostet ein Kilo Weintrauben?

Marhamat-karda, jak tarbuz/harbuza dih-ed.
bitte, eins Wassermelone/Melone gebt-ihr
Geben Sie mir bitte eine Wassermelone/
Melone.

Boz tschi dih-am?

noch was gebe-ich

Sonst noch etwas?

Ne, basanda ast.

nein, genug ist

Nein, das wäre alles.

Auf einem großen Markt können Sie auch Palaw, Manti oder Laghmon essen, Tee oder Bier trinken, Kleidung, Schuhe und Kunsthandwerk erwerben.

Man tschan(d) pul qarzd̲o̲r-am?

ich wieviel Geld schuldig-bin

Wie viel muss ich (Ihnen) bezahlen?

Tschi-chel qimat! Arzon-tar mumkin-mi?

wie teuer   billig-er möglich-?

Wie teuer!   Kann ich es billiger haben?

In bar̲o̲i man az had zijod ast.

das für ich aus Grenze viel ist

Das ist mir zu teuer.

In-qadar pul dar kis̲a̲-i man n̲a̲-dor-̲a̲m.

soviel Geld in Tasche-IZ ich nicht-habe-ich

Ich habe nicht so viel Geld dabei.

Man ... somoni m̲e̲-dih-̲a̲m, chub ast?

ich ... Somoni ME-gebe-ich, gut ist

Ich gebe ... Somoni, ist das in Ordnung?

Ana ba schumo dah somoni.

hier zu ihr(euch) zehn Somoni

Hier haben Sie 10 Somoni.

P̲u̲l-l majda n̲a̲-dor-̲e̲d?

Geld-IZ klein nicht-habt-ihr

Haben Sie Kleingeld?

P̲u̲l-i majda n̲a̲-dor-̲a̲m.

Geld-IZ klein nicht-habe-ich

Ich habe kein Kleingeld.

Marhamat-karda, ̲i̲n-ro petschonda dih-̲e̲d.

bitte, dieses-AKK Umschlag gebt-ihr

Packen Sie es bitte ein.

Lebensmittel		
нон	**non**	Brot
булочка	**bulotschka**	Brötchen
маска	**maska**	Brot
тухм	**tuchm**	Eier
яхмос	**jachmos**	Eis
гӯшт	**güscht**	Fleisch
моҳй	**mohi**	Fisch
печенье	**petschenje**	Gebäck
мурғ	**murgh**	Geflügel
асал	**asal**	Honig
гӯшти мурғ	**güscht-i murgh** *Fleisch-IZ Huhn*	Hühner-fleisch
панир	**panir**	Käse
мармалод	**marmalod**	Marmelade
шир	**schir**	Milch
биринҷ	**birindsh**	Reis
гӯшти гов	**güscht-i gow** *Fleisch-IZ Kuh*	Rindfleisch
қаймоқ	**qajmoq**	Sauerrahm
колбаса	**kolbasa**	Wurst

Obst & Gemüse		
мева	**mewa**	Obst
сабзавот	**sabzawot**	Gemüse
себ	**seb**	Apfel
мурӯд	**murüd**	Birne
лӯбиё	**lübijo**	Bohnen
бодиринг	**bodiring**	Gurken
олуболу	**olubolu**	Kirsche
картошка	**kartoschka**	Kartoffel/n
карам	**karam**	Kohl
каду	**kadu**	Kürbis

ҳарбуза	**harbuza**	Melone
сабзӣ	**sabzi**	Möhre/n
чормағз	**tschormaghz**	Nuss/Nüsse
шафтолу	**schaftolu**	Pfirsiche
олу	**olu**	Pflaumen
помидор	**pomidor**	Tomaten
тарвуз	**tarwuz**	Wassermelone
ангур	**angur**	Weintrauben
лиму	**limu**	Zitrone
пиёз	**pijoz**	Zwiebeln, Lauch

Kräuter & Gewürze

шибит	**schibit**	Dill
қаранфул	**qaranful**	Gewürznelke
ҳел	**hel**	Kardamom
кашнич	**kaschnidsh**	Koriander
занҷабил	**zandshabil**	Ingwer
саримсоқ	**sarimsoq**	Knoblauch
зира	**zira**	Kümmel
барги ғор	**b<u>a</u>rg-i ghor** *Blatt-IZ Lorbeer*	Lorbeerblatt
мушклак	**muschklak**	Muskatnuss
қаламфур	**qalamfur**	Pfeffer (rot)
мурч	**murtsch**	Pfeffer (schwarz)
заъфарон	**za'faron**	Safran
намак	**namak**	Salz
хардал	**chardal**	Senf
ианиль	**wanil**	Vanille
дорчин, долчин	**dortschin, doltschin**	Zimt, Kaneel
қанд, шакар	**qand, schakar**	Zucker

Ausgehen

Da die meisten Tadschiken keinen Alkohol trinken, geht man am Abend in eine tschojcho-na (Teestube). Ein Restaurant oder eine Bar findet man selten, besonders in Kleinstädten.

In Duschanbe können Sie sich in einem Ausländerhotel amüsieren, dort gibt es Restaurants und Bars.

Bo man raqsidan me͟-choh-i͟?
mit ich tanzen ME-willst-du
Willst du mit mir tanzen?

Tu bisjor chuschrü raqs me͟-kon-i͟.
du sehr schön Tanz ME-machst-du
Du tanzt sehr schön.

Tu bisjor zebo hast-i.
du sehr hübsch bist-du
Du bist sehr hübsch.

Tschi me͟-nüsch-em?
was ME-trinken-wir
Was werden/wollen wir trinken?

Jak-qadahi maj / jak-krushkagi p͟iwo nüsch-em tschi?
eins-Becher Wein / eins-Seidel Bier trinken-wir was
Trinken wir vielleicht etwas Wein/Bier?

Fotografieren

Es ist unmöglich, im Voraus abzuschätzen, wie jemand, den Sie gerade fotografieren wollen, darauf reagiert. Deshalb fragen Sie lieber nach, ob das Fotografieren auch erlaubt ist, bevor Sie auf den Auslöser drücken!

Дар ин чо сурат гирифтан мумкин?
Dar in-dsho surat giriftan mumkin?
in hier Bild nehmen möglich
Darf man hier fotografieren?

Сурат гирифтан манъ аст!
Surat giriftan man' ast!
Bild nehmen verboten ist
Fotografieren verboten!

Сурати шуморо гирифтан мумкин?
Surat-i schumo-ro giriftan mumkin?
Bild-IZ ihr(euer)-AKK nehmen möglich
Darf ich Sie fotografieren?

In Tadschikistan gibt es viele Moslems, die es überhaupt nicht schätzen, wenn die Kamera plötzlich auf sie gerichtet wird. Der Islam verbietet die bildliche Darstellung von Menschen, auch durch Fotos.

fotoapparat	Fotokamera
objektiw	Objektiv
wideokamera	Videokamera
batarejka-ho	Batterien
aks	Fotografie
nawor-i sijoh-u safed	Schwarzweißfilm
Film-IZ schwarz-und weiß	
nawor-i ranga	Farbfilm
Film-IZ farbig	
surat/film giriftan	filmen/fotografieren
Bild/Film nehmen	

Rauchen

Wenn man rauchen möchte, gilt auch hier: besser vorher um Erlaubnis fragen!

sigaret	Zigaretten
sigaret-i gazpolo	Filterzigaretten
Zigarette-IZ Filter	
sigaret be gazpolo	Zigaretten ohne Filter
Zigarette ohne Filter	
trubka	Pfeife
tamoku	Tabak
gügird	Streichhölzer
nos	Kautabak
tamoku-büidani	Schnupftabak

Дар ин чо тамоку кашидан мумкин?
Dar in-dsho tamoku kaschidan mumkin?
in hier Tabak ziehen möglich
Darf man hier rauchen?

Тамоку кашидан манъ аст!
Tamoku kaschidan man' ast!
Tabak ziehen verboten ist
Rauchen verboten!

Zashigalka (otaschgironak) hast-mi?
Zünder (Feuerzeug) ist-?
Haben Sie Feuer?

Polizei, Zoll & Behörden

Als Tourist kommt man mit Behörden normalerweise nicht in Kontakt. Sollte man dennoch etwas auf Behörden zu erledigen haben, wird man als Ausländer höflich behandelt.

Tschiz-ho-i ma-ro duzd-an(d).
Sache-Mz-IZ ich-AKK stahlen-sie
Man hat meine Sachen gestohlen.

Woj-dod, waj pul-am-ro duzd.
Hilfe, er/sie Geld-mein-AKK stahl(-er/-sie)
Hilfe, er/sie hat mein Geld gestohlen.

Konsuli-i Germanija kudsho ast?
Konsulat-IZ Deutschland wo ist
Wo ist das deutsche Konsulat?

Saforat-i Germanija imrüz kuschoda ast?
Botschaft-IZ Deutschland heute geöffnet ist
Ist die deutsche Botschaft heute geöffnet?

Man pasport-i horidshi-jam-ro gum kard-am.
ich Pass-IZ ausländisch-mein-AKK verloren machte-ich
Ich habe meinen Reisepass verloren.

Nazdik-tarin militsija dar kudsho ast?
nächste Polizei in wo ist
Wo ist die nächste Polizeiwache?

Man militsija-ro me-zan-am!
ich Polizei-AKK ME-rufe-ich
Ich rufe die Polizei!

Üben Sie sich in Geduld, bis alle Formalitäten erledigt sind, und seien Sie stets freundlich! Beamte zu beschimpfen, wenn es Ihnen nicht schnell genug geht, führt bestenfalls dazu, dass Ihnen überhaupt nicht geholfen wird.

хориҷӣ, аҷнабӣ	**horidshi, adshnabi**	Ausländer
сафорат	**saforat**	Botschaft
шикоят	**schikojat**	Beschwerde
бюро, идора	**bjuro, idora**	Büro
дузд	**duzd**	Dieb
қабат	**qabat**	Etage
ширкат	**schirkat**	Firma, Gesellschaft
ҳабсхона	**habs-chona**	Gefängnis
консулӣ	**konsuli**	Konsulat
хабар	**chabar**	Nachricht
шумора – рақам	**schumora – raqam**	Zahl – Nummer
умумӣ	**umumi**	öffentlich
расмӣ	**rasmi**	offiziell
паспорти хориҷӣ	**pasport-i horidshi** *Pass-IZ ausländisch*	Reisepass
милиционер	**militsioner**	Polizist
шӯъбаи милиция	**schü'ba-i militsija** *Wache-IZ Polizei*	Polizeiwache
давлатӣ	**dawlati**	staatlich
шартнома	**schartnoma**	Vertrag
виза	**wiza**	Visum
шоҳид	**schohid**	Zeuge, Zeugin
гумрукхона	**gumrukchona**	Zoll

Man ba-wositai schumo schikojat kardan me-choh-am!
ich über ihr(euch) Beschwerde machen ME-will-ich
Ich werde mich über Sie beschweren!

Бемалол бошад, ба ман ёрдам кунед.
Bemalol-boschad, ba man jordam kun-ed.
bitte, zu ich Hilfe macht-ihr
Helfen Sie mir, bitte!

Иҷороти гумрукӣ дуруст пур кардан
чӣ тавр даркор?

Idshorọt-i gumruki durust pur kardan tschi-tawr darkor?

Erklärung-IZ zollamtisch richtig voll machen wie nötig

Wie soll man die Zollerklärung richtig ausfüllen?

Formulare ausfüllen

Mit dem nebenstehenden Satz können Sie einen Beamten bitten, Ihnen beim Ausfüllen eines Formulars zu helfen.

бланк	**blank**	Formular
ном – фамилия	**nom – famịlija**	Vorname – Nachname
адрес – кӯча	**ạdres – kütscha**	Adresse – Straße
ҷои истиқомат	**dshọ-i istiqomat** *Ort-IZ Wohnen*	Wohnort
даромадан	**baromadan**	Ankunft, Einreise
баромадан	**baromadan**	Abreise, Ausreise
тафтиши паспортхо	**taftịsch-i pasport-ho** *Kontrolle-IZ Pass-Mz*	Passkontrolle
назорати гумрукӣ	**nazorạt-i gumruki** *Kontrolle-IZ zollamtlich*	Zollkontrolle
паспорти хоричӣ	**pạsport-i horidshi** *Pass-IZ ausländisch*	Reisepass
ҳаққи гумрукӣ	**hạqq-i gumruki** *Gebühr-IZ zollamtlich*	Zollgebühren
Иҷороти гумрукӣ	**idshorọt-i gumruki** *Erklärung-IZ zollamtlich*	Zollerklärung

Tschịz-e barọi andoz dor-ed-mi?

Sache-eine für Verzollung habt-ihr-?

Haben Sie etwas zu verzollen?

In tühfa / tschiz-họ-i schachsi ast!

das Geschenk / Ding-Mz-IZ persönlich ist

Das sind Geschenke / persönliche Dinge!

Auf der Post

Wenn Sie das Postamt aufsuchen wollen, müssen Sie auf folgendes Schild achten:

ПОЧТА (oder) ПОЧТАМТ

chatfiristonanda	Absender
a̲dres	Adresse
maktub	Brief
qutt̲i-i po̲tschta	Briefkasten
Kasten-IZ Post	
ma̲rka	Briefmarke
konwert	Briefumschlag
zakaznoj, suporischi	eingeschrieben
faks	Fax
blank	Formular
pul	Geld
awiapo̲tschta	Luftpost
banderol	Päckchen
posi̲lka	Paket
bo̲dsh-i po̲tschta	Porto
Gebühr-IZ Post	
po̲tschta, po̲tschtamt	Postamt
otkri̲tka	Postkarte
i̲ndeks-i po̲tschta	Postleitzahl
Leitzahl-IZ Post	
telefaks	Telefax
telegra̲ma	Telegramm
izhoro̲t-i gumruki	Zollerklärung
Erklärung-IZ zollamtlich	

Nazdik-tarin po̱tschta dar kudsho ast?
nächste Postamt in wo ist
Wo ist das nächste Postamt?

Po̱tschta az so̱at-i tschan(d) to so̱at-i tschan(d) kor me̱-kun-a̱d?
Post von Uhr-IZ wieviel bis Stunde-IZ wieviel Arbeit ME-macht-sie
Wann ist die Post geöffnet?

Kogha̱z-i chatnawis̱i-ro man az kudsho chariga me̱-tawon-a̱m?
Papier-IZ brieflich-AKK ich aus wo kaufen ME-kann-ich
Wo kann ich Briefpapier kaufen?

Man bojad banderol firist-am.
ich muss Päckchen aufgebe-ich
Ich muss ein Päckchen aufgeben.

Quṯti-i po̱tschta dar kudsho bosch-ad?
Kasten-IZ Post in wo ist-er
Wo ist ein Briefkasten?

Ba man, marhamat-karda, du konwert dih-ed.
zu ich, bitte, zwei Umschlag gebt-ihr
Geben Sie mir bitte zwei (Brief-)Umschläge.

Man me̱-choh-a̱m maktub ba ... firiston-am.
ich ME-will-ich Brief zu ... abschicke-ich
Ich möchte einen Brief nach / in die ... abschicken.

Germa̱nija	Deutschland
Schwejtsa̱rija	Schweiz
A̱wstrija	Österreich

Telefonieren & Internet

In größeren Städten gibt es moderne öffentliche Telefone mit Magnetkarten. In kleineren Städten ist die Telefonverbindung veraltet. Dort muss man beim „Telefon-Telegraf" (Телефон-Телеграф) das Gespräch anmelden und warten, bis die Verbindung zustande gekommen ist.

Telefonieren

In Tadschikistan meldet man sich am Telefon mit Allo! (Hallo!)

telefon 	Telefon
telefon kardan *Telefon machen*	telefonieren
telefon-awtomat *Telefon-Automat*	Münzfernsprecher
komutator	Vermittlung, Telefonzentrale
raqam-i telefon *Nummer-IZ Telefon*	Telefonnummer
guftugü-i telefon *Gespräch-IZ Telefon*	Telefongespräch
guftugü-i mahalli *Gespräch-IZ örtlich*	Ortsgespräch
guftugü-i bajnalchalki *Gespräch-IZ international*	Auslandsgespräch

Man bojad telefon kun-am.
ich muss Telefon mache-ich
Ich muss telefonieren.

Dar kudsho telefon kardan mumkin?
in wo Telefon machen möglich
Wo kann man telefonieren?

Telefon-awtomat dar kudsho ast?

Telefon-Automat in wo ist

Wo ist eine Telefonzelle?

Ba Berlin telefon kardan me-choh-am.

zu Berlin Telefon machen ME-will-ich

Ich möchte nach Berlin telefonieren.

Guftugü tschan(d) pul me-ist-ad?

Gespräch wieviel Geld ME-kostet-es

Wie viel wird das Gespräch kosten?

Marhamat-kuned ...-ro ba-nazdi telefon da'wat kun-ed.

bitte ...-AKK an Telefon Ruf macht-ihr

Rufen Sie bitte ... an den Apparat.

Abonent dshawob na-me-dih-ad.

Abonnent Antwort nicht-ME-gibt-er

Der Teilnehmer antwortet nicht.

... gap me-zan-ad. Mebachsch-ed, schumo-ro taschwisch dod-am.

... Wort ME-schlägt-er. Entschuldigt-ihr, ihr-AKK Verlegenheit gab-ich

Hier spricht ... Entschuldigen Sie bitte die Störung.

Ki gap me-zan-ad?

wer Wort ME-schlägt-er

Wer ist/spricht da?

Allo, schumo me-schunaw-ed?

hallo, ihr ME-hört-ihr

Hallo, hören Sie?

*Anstelle von **waj** kann man auch einen Namen einsetzen.*

Waj dar chona ast?
er/sie in Haus ist
Ist er/sie zu Hause?

Bale, waj dar chona ast.
ja, er/sie in Haus ist
Ja, er/sie ist zu Hause.

No, waj dar chona nest.
nein, er/sie in Haus nicht-ist
Nein, er/sie ist nicht zu Hause.

Bemalol-boschad, az-peschi telefon dur na-raw-ed.
bitte, von Telefon weit nicht-geht-ihr
Bitte bleiben Sie am Apparat.

Bemalol-boschad, ba'd-az jak soat takroran telefon kun-ed.
bitte, nach eins Stunde nochmal Telefon macht-ihr
Bitte rufen Sie in einer Stunde nochmal an.

Gap-aton-ro bad me-schunaw-am.
Wort-euer-AKK schlecht ME-höre-ich
Ich höre Sie schlecht./Ich kann Sie schlecht verstehen (akustisch).

Marhamat-karda, takror kun-ed.
bitte, nochmal macht-ihr
Wiederholen Sie, bitte.

Chohischmand-am balan(d)-tar/past-tar gap zan-ed.
wollend-bin lauter/leiser Wort schlagt-ihr
Sprechen Sie bitte lauter/leiser.

In Tadschikistan ist das Internet erst seit eini- **Internet**
gen Jahren verfügbar. Es ist zwar noch nicht
bis ins letzte Dorf gekommen, aber in jeder
Stadt können Sie E-Mails abrufen und ver-
senden. In großen Städten gibt es Internet-
Cafés.

**Man me-choh-am potschta-i elektronii-i
ma-ro da'wat kun-ed.**
ich ME-will-ich Post-IZ elektronische-IZ
ich-AKK Ruf macht-ihr
Ich möchte meine E-Mails abrufen.

**Man me-choh-am potschta-i elektroni
firistodan.**
ich ME-will-ich Post-IZ elektronisch senden
Ich möchte eine E-Mail senden.

potschta-i elektroni *Post-IZ elektronisch*	E-Mail
internet	Internet
kompjuter	Computer
internet-kafe	Internet-Café
fajl	Datei
ma'lumot-i idshozat *Daten-IZ Zugang*	Zugangsdaten
nom-i istifoda kardagi *Name-IZ Benutzung machend*	Benutzername
nomi-schab-i schachsi *Kennwort-IZ persönlich*	persönliches Kennwort

Bank & Geld

Die tadschikische Währung heißt somoni und ist in 100 diram unterteilt. Fast in allen Banken gibt es Angestellte, die Englisch beherrschen, aber Sie sollten auch ein paar Worte auf Tadschikisch sagen können.

Man pul-ro iwaz kardan me-choh-am.
ich Geld-AKK Umtausch machen ME-will-ich
Ich möchte Geld wechseln.

Imrüz kadom qurb ast?
heute wie Kurs ist
Wie ist heute der (Wechsel-)Kurs?

Bank to soat-i tschan(d) kor me-kun-ad?
Bank bis Stunde-IZ wieviel Arbeit ME-macht-er
Bis wann hat die Bank auf?

Dar in dsho pul-ro/waluta-ro iwaz kardan mumkin?
in diese Stelle Geld-AKK/Devisen-AKK Umtausch machen möglich
Kann ich hier Geld/Devisen umtauschen?

Man sad jewro iwaz kardan me-choh-am.
ich hundert Euro Umtausch machen ME-will-ich
Ich möchte 100 Euro umtauschen.

Man ba sad jewro tschan(d) somoni me-gir-am?
ich für hundert Euro wieviel Somoni ME-bekomme-ich
Wie viele Somoni bekomme ich für 100 Euro?

... ba sad frank-i Schwejtsarija ...?
... für hundert Franken-IZ schweizer ...
... für 100 Schweizer Franken?

Dar in-dsho imzo kun-ed.
in hier Unterschrift macht-ihr
Unterschreiben Sie bitte hier.

bank	Bank
bank-i dawlati *Bank-IZ Staat*	Staatsbank
iwaz-i waluta *Umtausch-IZ Devisen*	Wechselstube
kassa	Kasse, Schalter
pul	Geld
pul-i naqd *Geld-IZ bar*	Bargeld
sikka, tanga	Münze
pul-i majda *Geld-IZ Wechseln*	Kleingeld
pul-i qoghazi *Geld-IZ papieren*	Geldschein
waluta	Devisen
tschek-i turisti *Scheck-IZ turistisch*	(Traveller-)Scheck
waraqa-i kredit *Karte-IZ Kredit*	Kreditkarte
qurb	Wechselkurs
pul-ro iwaz kardan *Geld-AKK Umtausch machen*	Geld tauschen

Übernachten

In Tadschikistan finden Sie oft alte Hotels und Gasthäuser, die während der Zeit der Sowietunion gebaut worden sind und wenig Komfort bieten. Die Zimmer haben meistens Platz für 3-4 Personen. Das Frühstück ist in der Regel nicht im Zimmerpreis enthalten.

In den größeren Städten, die auch von ausländischen Touristen oft besucht werden, gibt es auch gute Hotels mit beinahe europäischem Standard. Am besten bestellt man ein Zimmer vor.

bjuro-i turisti бюрои туристӣ *Büro-IZ touristisch*	Reisebüro
bjuro-i achbor бюрои ахбор *Büro-IZ Information*	Auskunftsbüro
mehmonchona меҳмонхона	Gasthof, Hotel
baza-i turisti базаи туристӣ *Station-IZ touristisch*	Touristenstation

Дар Душанбе кадом меҳмонхонаҳо ҳаст?
Dar Duschambe kadom mehmonchona-ho hast?
in Duschanbe welche Hotel-Mz ist
Welche Hotels gibt es in Duschanbe?

Mo dar kadom mehmonchona me-ist-em?
wir in welches Hotel ME-absteigen-wir
In welchem Hotel steigen wir ab?

In mehmonchona tschi nom dor-ad?
dieses Hotel was-für Name hat-es
Wie heißt dieses Hotel?

Nomer-ho-i choli hast-mi?
Zimmer-Mz-IZ frei ist-?
Haben Sie Zimmer frei?

Hamin nomer-ro ba man nischon dih-ed.
dieses Zimmer-AKK zu ich Zeichen gebt-ihr
Zeigen Sie mir bitte dieses Zimmer.

Ba man nomer-i jakkasa/dukasa darkor ast.
zu ich Zimmer-IZ eins-persönlich/zwei-persönlich nötig ist
Ich brauche ein Zimmer für eine Person/zwei Personen.

In nomer ba man ma'qul (nest).
dieses Zimmer zu ich passend (nicht-ist)
Dieses Zimmer gefällt mir (nicht).

Idshora-i in nomer baro-i jak schabonarüz tschan(d) pul ast?
Miete-IZ dieses Zimmer für eins Tag-und-Nacht wieviel Geld ist
Wie viel kostet das Zimmer pro Tag?

Man me-choh-am, ki dar hamin dsho pandsh rüz / jak hafta / du hafta ist-am.
ich ME-will-ich, dass in dieselbe Stelle fünf Tag / eins Woche / zwei Woche bleibe-ich
Ich möchte hier fünf Tage / eine Woche / zwei Wochen bleiben.

Marhamat-karda, kalid-i chona-i ma-ro dih-ed.
bitte, Schlüssel-IZ Zimmer-IZ ich-AKK gebt-ihr
Geben Sie mir bitte meinen Zimmerschlüssel.

Ist es unmöglich, etwas auf eigene Faust zu finden, dann wendet man sich an das örtliche Reisebüro. Sie finden die Büros oft in oder neben den großen Hotels. Eine andere Möglichkeit ist ein Auskunftsbüro.

 **Übernachten**

Man me-choh-am wanna/dusch qabul kun-am.

ich ME-will-ich Bad/Dusche Nehmen mache-ich
Ich möchte ein Bad / eine Dusche nehmen.

Bemalol-boschad, ba man jak dona satschoq dih-ed.

bitte, zu ich eins Stück Handtuch gebt-ihr
Geben Sie mir bitte ein Handtuch.

dshojpüsch	Laken
sobun	Seife
isfandsh	Schwamm

Marhamat-karda, libos-i ma-ro ba schustan dih-ed.

bitte, Wäsche-IZ ich-AKK zu waschen gebt-ihr
Geben Sie bitte meine Wäsche zum Waschen ab.

Kostjum-i/schim-i ma-ro darzmol kardan mumkin ne-mi?

Anzug-IZ/Hose-IZ ich-AKK Bügeln machen möglich nein-?
Mein Anzug / meine Hose muss gebügelt werden.

Das Verb schud-an *(G:* schaw-*) „werden" wird im Tadschikischen nie verwendet, um die Zukunft auszudrücken.*

Kaj tajjor me-schaw-ad?

wann fertig ME-wird-es
Wann wird es fertig sein?

Baghotsch-chona dar kudsho ast?

Gepäck-Zimmer in wo ist
Wo ist die Gepäckaufbewahrung?

Ba sartaroschchona bo kadom roh raft-an mumkin?
zu Friseurladen mit welcher Weg gehen möglich
Wo ist der Friseur?

Bemalol-boschad, ma-ro dar soat-i hascht-i pagohi bedor kun-ed.
bitte, ich-AKK um Stunde-IZ acht-IZ Morgen wach macht-ihr
Wecken Sie mich bitte um 8 Uhr morgens.

Mo kaj me-raw-em?
wir wann ME-gehen-wir
Wann fahren wir fort?

Man imrüz/pagoh me-raw-am.
ich heute/morgen ME-gehe-ich
Ich fahre heute/morgen ab.

Bemalol-boschad, pagoh soat-i nüh-i pagohi taksi firiston-ed.
bitte, morgen Stunde-IZ neun-IZ Morgen Taxi sendet-ihr
Senden Sie bitte ein Taxi gegen 9 Uhr morgens.

Bemalol-boschad, stschot-am-ro tartib dih-ed.
bitte, Rechnung-mein-AKK Ordnung gebt-ihr
Bitte machen Sie meine Rechnung fertig.

Man tschan(d) pul bojad dih-am?
ich wieviel Geld nötig gebe-ich
Wie viel bin ich schuldig?

Wenn man auf dem Lande ist, kann man die Dorfbewohner fragen, ob man bei jemandem übernachten kann. Für Alpinisten sind „Touristenstationen" sehr praktisch. Hier werden Gruppen organisiert und Sie finden Bergführer.

Krank sein

Medizinische Hilfe bekommen Sie in Polikliniken und Krankenhäusern. Als Ausländer müssen Sie diese privat bezahlen. Niedergelassene Ärzte gibt es nur wenige.

муоличахона, поликлиника	**muolidshachona, poliklinika**	Poliklinik
касалхона	**kasalchona**	Krankenhaus
регистратура	**registratura**	Aufname
духтур	**duchtur**	Arzt
вақту соати қабул	**waqt-u soat-i qabul** *Zeit-und Stunde-IZ Empfang*	Sprechstunde
қабулгоҳ	**qabulgoh**	Wartezimmer

Наздиктарин касалхона дар куҷо аст?
Nazdiktarin kasalchona dar kudsho ast?
nächste Krankenhaus in wo ist
Wo ist das nächste Krankenhaus?

Хоҳишмандам, духтурро даъват кунед.
Chohischmandam, duchtur-ro da'wat kun-ed.
bitte, Arzt-AKK Ruf macht-ihr
Rufen Sie bitte einen Arzt.

Хоҳишмандам, машинаи ёрии таъҷилиро чеғ занед.
Chohischmandam, maschina-i jori-i ta'dshili-ro dshegh zan-ed.
bitte, Wagen-IZ Hilfe-IZ schnelle-AKK Ruf schlagt-ihr
Bitte rufen Sie einen Krankenwagen.

beim Arzt

Kudsho-i schumo dard me-kun-ad?
wo-IZ ihr Schmerz ME-macht-er
Was tut Ihnen weh?

Sar-am dard me-kun-ad.
Kopf-mein weh ME-macht-er
Mir tut der Kopf weh.

Man hud-ro bad his me-kun-am.
ich selbst-AKK schlecht Empfindung ME-mache-ich
Ich fühle mich schlecht.

...-am dard me-kun-ad / me-kun-an(d)
...-mein Schmerz ME-macht-er / ME-machen-sie
Mir tut/tun ... weh.

Wie in vielen anderen Sprachen auch bedeutet das Wort für „Zunge" (hier: zabon) auch gleichzeitig „Sprache"!

dast	Arm; Hand	**sar**	Kopf
tschaschm	Auge	**dshigar**	Leber
schikam	Bauch	**schusch**	Lunge
po(j)	Bein; Fuß	**me'da**	Magen
masona	Blase (Harn-)	**dahon**	Mund
sanduk-i sina	Brustkorb	**muschak**	Muskel
Truhe-IZ Brust			
sina, piston	Brust (weibl.)	**bini**	Nase
rüda	Darm	**gurda**	Nieren
uzw-ho-i tanosul	Genitalien	**güsch**	Ohr
Organ-Mz-IZ geschlechtlich			
gardan	Hals	**puscht**	Rücken
püst	Haut	**kift**	Schulter
dil	Herz	**peschona**	Stirn
zonu	Knie	**dandon**	Zahn
ustuchon	Knochen	**zabon**	Zunge

Mana, in dshoj-am dard me-kun-ad.

hier, diese Stelle-meine Schmerz ME-macht-sie
Hier tut es mir weh.

Man sulfa/zukom/tab dor-am.

ich Husten/Schnupfen/Fieber habe-ich
Ich habe Husten/Schnupfen/Fieber.

Poj schikast.

Bein brach
Das Bein ist gebrochen.

Man diabet dor-am.

ich Diabetes habe-ich
Ich bin Diabetiker.

Ma-ro ... azob me-dih-ad.

ich-AKK ... Qual ME-gibt-er
Ich habe Probleme mit ...

спид	**spid**	Aids
аллергия	**allergija**	Allergie
ангина	**angina**	Angina
исҳол	**is-hol**	Durchfall
варам	**waram**	Entzündung
кайкунӣ	**kajkuni**	Erbrechen
таб	**tab**	Fieber
грипп	**grip**	Grippe
сулфа	**sulfa**	Husten
дарди дил	**dard-i dil**	Herzschmerzen
дарди сар	**dard-i sar**	Kopfschmerzen
дарди меъда	**dard-i me'da**	Magenschmerzen
беҳушӣ	**behuschi**	Ohnmacht
дард	**dard**	Schmerzen
ҳомилагӣ	**homilagi**	Schwangerschaft
саргардӣ	**sargardi**	Schwindel
дилбеҳузурӣ	**dilbehuzuri**	Übelkeit

Schumo harorat-ro tschen kard-ed?
ihr Temperatur-AKK Messung machtet-ihr
Haben Sie die Temperatur gemessen?

beim Zahnarzt

Дандонампро пломба кардан лозим, кандан нолозим.
Dandon-am-ro plomba kardan lozim, kandan nolozim.
Zahn-mein-AKK Plombe machen nötig, entfernen nicht-nötig
Den Zahn bitte plombieren, nicht ziehen.

Наркоз лозим нест.
Narkoz lozim nest.
Betäubung nötig nicht-ist
Bitte keine Betäubung.

Ман шприци якбора дорам.
Man schprits-i jakbora dor-am.
ich Spritze-IZ einmalig habe-ich
Ich habe eine Einwegspritze dabei.

Apotheke

Nazdik-tarin doruchona dar kudsho ast?
nächste Apotheke in wo ist
Wo ist die nächste Apotheke?

Mana retsept-am.	**... hast(-mi)?**
hier Rezept-mein	*... ist(-?)*
Hier ist mein Rezept.	Haben Sie ...?

 **Krank sein**

Man sollte unbedingt eine kleine Reiseapotheke (ebenso sämtliche Hygieneartikel) von zu Hause mitbringen. Viele Medikamente bekommen Sie in Tadschikistan nicht.

In doru-ro dar kudsho joftan mumkin?
diese Arznei-AKK in wo finden möglich
Wo kann man diese Arznei finden?

Marhamat-karda, ba man jagon doru-i dard-i sar dih-ed.
bitte, zu ich irgendeine Arznei-IZ Schmerz-IZ Kopf gebt-ihr
Geben Sie mir etwas gegen Kopfschmerzen.

дорухона	**doruchona**	Apotheke
антибиотикхо	**antibiotik-ho**	Antibiotika
ҳароратсанҷ	**haroratsandsh**	Fieberthermometer
марҳам	**marham**	Pflaster
пахта	**pachta**	Watte
марҳам, тило	**marham, tilo**	Salbe
ҳаб	**hab**	Tablette
дока	**doka**	Verband
шамъ	**scham'**	Zäpfchen
доруи хоб	**doru-i chob**	Schlafmittel
	Arznei-IZ Schlaf	
докаи занона	**doka-i zanona**	Damenbinden
	Binde-IZ weiblich	
парпеч	**parpetsch**	(Stoff-)Windel
даруни	**daruni**	zum Einnehmen
марҳам	**marham**	zum Einreiben
молидани	**molidani**	äußerlich
барои бачагон	**baroi batschagon**	für Kinder
	für Kind-Mz	

Toilette & Co.

Öffentliche Toiletten sind nicht gerade empfehlenswert, da sie für gewöhnlich ziemlich schmutzig sind. Besser sind private Toiletten und Pachttoiletten. Gewöhnlich gibt es dort auch Toilettenpapier (in öffentlichen Toiletten niemals). Es ist jedoch besser, welches dabeizuhaben.

Хало дар кучо аст?
Chalo dar kudsho ast?
Toilette in wo ist
Wo ist die Toilette?

З (занона)	М (мардона)
zanona	**mardona**
weiblich	*männlich*
Damen	Herren

Koghaz-i chalobob hast-mi?
Papier-IZ für-Toilette ist-?
Gibt es Toilettenpapier?

Wenn die Toilette gerade gesäubert wird, hängt an der Tür das Schild:

БАСТА	**basta**	geschlossen

Hilferufe

Falls Sie in eine Notsituation gekommen sind, helfen Ihnen folgende Sätze zum Daraufzeigen weiter.

Номи ман ...   Ман аз Германия омадам.
N̲om-i man ...   **Man az Germ̲anija omad-am.**
Name-IZ ich ...   *ich aus Deutschland kam-ich*
Ich heiße ...   Ich komme aus Deutschland.

Австрия	Швейцария	Нидерланд
A̲wstrija	**Schwejts̲arija**	**Niderland**
Österreich	die Schweiz	die Niederlande

Ман дучори авария шудам.
Man dutsch̲or-i aw̲arija schud-am.
ich unterworfen-IZ Unfall wurde-ich
Ich hatte einen Unfall.

Ман касал ҳастам.
Man kasal hast-am.
ich krank bin-ich
Ich bin krank.

Чизҳои маро дузданд.
Tschiz-h̲o-i m̲a-ro duzd-an(d).
Sache-Mz-IZ ich-AKK stahlen-sie
Man hat meine Sachen gestohlen.

Ман хуҷҷатҳои маро гум кардам.
Man huddshat-h‌o‌-i m‌a‌-ro gum kard-am.
ich Dokument-Mz-IZ ich-AKK Verlust machte -ich
Ich habe meine Dokumente verloren.

Хоҳишмандам, духтурро / милицияро
даъват кунед.
**Chohischmandam, ducht‌u‌r-ro/mil‌i‌tsija-ro
da'wat kun-ed.**
bitte, Arzt-AKK/Polizei-AKK Ruf macht-ihr
Bitte rufen Sie einen Arzt / die Polizei.

Хоҳишмандам, маро ба касалхона /
милиция баред.
**Chohischmandam, m‌a‌-ro ba
kasalchona/mil‌i‌tsija bar-ed.**
bitte, ich-AKK zu Krankenhaus/Polizei bringt-ihr
Bitte bringen Sie mich in ein Krankenhaus /
zur Polizei.

Ба ... бо кадом роҳ рафтан лозим?
Ba ... bo kadom roh raftan lozim?
nach ... mit welcher Weg gehen nötig
Wie komme ich nach ...?

Дар куҷо телефон кардан мумкин?
Dar kudsho telefon kardan mumkin?
in wo Telefon machen möglich
Wo kann man telefonieren?

Schimpfen & Fluchen

Wie in jeder Sprache gibt es auch im Tadschikischen ziemlich derbe Ausdrücke. Das Verständnis der Schimpfwörter erleichtert es, manche Situationen besser zu erkennen und zu meistern.

Die nebenstehenden Ausdrücke sind nicht für den Eigengebrauch gedacht!

Sag-i qütur!	Räudiger Hund!
Char! Nodon!	Esel!
Ablah! Ahmaq!	Blödian! Idiot!
Dewona!	Dummkopf!
Awboschon!	Gesindel!
Nobakor!	Halunke! Schurke!
Schajton! Sabilmonda!	Satan!
La'nati!	Teufel!
Palid! Razil!	Schwein!

Literaturhinweise

Hier eine kleine Auswahl von Internetadressen zum Thema Tadschikisch:

Für die Qualität und Richtigkeit der Inhalte nebenstehender Adressen zeichnet der Reise Know-How Verlag Peter Rump GmbH nicht verantwortlich.

Online-Audi-Kurs: http://www.hu-berlin.de/zentralasien/Tadschikisch/tadschikisch.htm

Linksammlung zu Tadschikisch: http://links-guide.ru/sprachen/gus/tadschikisch.html

Kleines Internet-Wörterbuch: http://www.ge-li.de/Tadschik/woerterbuchtad.html

Schnupperkurse Mittelasien: http://idw-online.de/public/pmid-68108/zeige_pm.html

Wörterliste Deutsch – Tadschikisch

Die Wörterlisten enthalten jeweils etwa 1300 Wörter, die einen soliden Grundwortschatz darstellen. Vokabular, das besser in den einzelnen Kapiteln gefunden werden kann, ist hier nicht immer aufgenommen.
Verben werden unter ihrem Infinitiv-Vergangenheitsstamm-Stamm (IV) aufgeführt, in Klammern steht immer der Gegenwartsstamm (G). Hauptwörter: Unregelmäßige Mehrzahlformen sind aufgeführt.

A

Abend begoh
Abendessen chürok-i schom
aber ammo, balki, wale, lekin
abfahren raftan (raw)
abfliegen paridan (par)
abreisen raftan (raw)
abschleppen kaschida burdan (bar)
Adresse adres
Alkohol scharob, maj, araq
allein jakka
alles hama
als (zeitl.) ki ..., waqte ki ...
als (Vergleich) ... barin
alt (nicht jung) pir
alt (nicht neu) kühna
Alte(r) pir
Alter (Lebens-) sin
Andenken tühfa
anfangen sar kardan (kon)
Angestellte(r) chizmattschi
Angst tars, bim
anhalten nigoh doschtan (dor)
ankommen rasidan (ras), worid schudan (schaw)
Ankunft omadan

Antwort dshawob
antworten dshawob dodan (dih)
Apotheke doruchona
arbeiten kor kardan (kon)
Arbeiter korgar (Mz -on)
arm betschora
Arzt duchtur
auch ham
auf dar (rüi)
Aufenthalt istiqomat
aufhören bas kardan (kon)
aufstehen chestan (chez)
aufwachen bedor schudan (schaw)
aus az
Ausfuhr sodirot
Ausgang baromad(goh)
ausgezeichnet a'lo, bisjor naghz
Auskunft ma'lumot, sprawka
Ausland choridsha
Ausländer choridshi, adshnabi
ausländisch choridshi, adshnabi
Ausreise baromadan, baromadgoh
Aussprache talaffuz

aussteigen
baromadan (baro)

Ausstellung
namoischgoh

Ausweis pasport

ausziehen, sich libos
kaschidan (kasch)

Auto moschin

Autowerkstatt
ta'mirchona-i
awtomobil

B

Badeanzug libos-i
obbozi

baden obbozi kardan
(kon)

Badezimmer hammom
wannachona,

Bahnhof wokzal

Bahnsteig platforma

bald zud, ba zudi

Bank (Geld) bank

Bargeld pul-i naqd

Batterie akkumulator

bauen sohtan (soz),
bino kardan (kon)

Bauer dehqon

Baum daracht

beeilen, sich schitob
kardan (kon)

beenden tamom
kardan (kon)

begleiten gusel
kardan (kon)

begrüßen salom
dodan (dih)

behandeln tabobat
kardan (kon)

Behörde idora

bei peschi

Beispiel misol

bekannt machen, sich
schinos schudan
(schaw)

beleidigen tahkir
kardan (kon)

benachrichtigen ogohi
dodan (dih)

Benzin benzin

Berg küh

Beruf kasb

berühmt maschhur

beschweren, sich
schikojat kardan (kon)

besichtigen
tamoscho/zijorat
kardan (kon)

Besitzer sohib

besser behtar

bestellen suporisch
dodan (dih)

Bestellung suporisch

bestrafen dsharima
andochtan (andoz)

Besuch zijorat

besuchen zijorat
kardan (kon)

betrügen fireb dodan
(dih)

Bett kat

Bettzeug raht-i chob

bevor pesch az

Beweis isbot, dalel

bezahlen muzd dodan
(dih)

Bier piwo

billig arzon

Binde doka

bis to

bisschen kame, andak

Bitte chohisch

bitten iltimos kardan
(kon)

Blatt waraq

bleiben mondan (mon)

Bleistift qalam,
qalam-i midod

Blume gul

Boot qaiq

Botschaft (dipl.)
saforat

Brand süchtor

Brauch odat

**brauchen: man
braucht** zarur ast

breit wase', pahn,
faroh

brennen sühtan (süz)

Brief maqtub

Briefmarke marka,
marka-i potschta

Briefumschlag
konwert

Brille ajnak

bringen owardan
(owar)

Brot non

Brücke pul, küpruk

Bruder barodar, (ält.)
aka, (jüng.) dodar

Brust (weibl.) sina

Brust(korb) sina
Buch kitob
buchen bron kardan (kon)
Buchstabe harf
bunt alo
Burg qal'a
Bürger grashdanin
Büro bjuro, idora
Bus awtobus

C

Chauffeur schofjor
Chef sardor

D

da on waqt
Dach bom
damit bo in
danach ba'd
danke rahmat, taschakkur
danken rahmat/ taschakkur guftan (gü)
dann ba'd, wongah
darum binobar in
dass ki
Datum ta'rih
dauern dawom doschtan (dor)
Decke (Bett) kürpa, kampal
dein/e i tu
denken gumon kardan (kon)

Denkmal jodgori
deshalb binobar in
deutsch nemisi
Deutsche(e) nemis
Deutschland Germanija
Dialekt lahdscha, dialekt
dick ghafs
Diebstahl duzdi, ghorat
diese(r, s) in
Ding tschiz
Diskothek diskoteka
Dokument(e) huddshat
Dolmetscher tardshumon
Dorf deh
dort on dsho
dorthin (ba) on dsho
dringend zur
du tu
dumm ahmak, ablah
dunkel torik
dünn borik, tunuk
durch (hindurch) az, az puschti
Durchfall is-hol
dürfen: man darf mumkin (ast)
Durst aschpagi

E

echt haqiqi
Ehefrau zan (Mz -on)
Ehemann schawhar

Ehepaar zan-u schawhar
Ei tuchm
Eigentum mol-u mulk
einander jakdigar-ro
Einbruch schikasta kuschondan
einfach sodda
Einfuhr import, woridot
Eingang daromadgoh
einige ba'ze, (jak) tschand
einladen da'wat kardan (kon)
Einladung da'wat
einmal jak bor
einsteigen sawor schudan (schaw)
eintreten daromadan (daro)
einverstanden rozi
Einwohner sokin
Eis jach
Eisenbahn roh-i ohan
Eiter madda
Eltern padar-u modar
empfangen qabul kardan (kon)
empfehlen maslihat dodan (dih)
Ende ochir
eng tang
englisch anglisi
Enkel nabera
entscheiden qaror dodan (dih)
entschuldigen, sich afw kardan (kon)

er ü, waj
Erde zamin
Ereignis woqea
Erfolg muwaffaqijat
erhalten (bekommen) giriftan (gir)
erholen, sich istirohat kardan (kon)
erinnern, sich jod kardan (kon)
erkältet sein zukom schudan (schaw)
erklären ezoch dodan (dih)
erlauben ruchsat dodan (dih)
Erlaubnis ruchsat
Ermäßigung imtijoz
Ersatzteil qism-i ehtijoti
erzählen hikoja kardan (kon)
essen chürdan (chür)
Etage oschjona, qabat
etwa tahminan
etwas tschize
euer/e ...i schumo

F

Fabrik fabrika
Faden rischta, resmon
Fähre parom
fahren raftan (raw)
Fahrkarte bilet
Fahrplan dshadwal-i harakat
Fahrpreis kiropuli

Fahrrad welosiped
Fahrzeug wosita-i naklijot
falsch nodurust
Familie chonawoda, oila
Familienname familija
Farbe rang
Farbfilm nawor-i ranga
faul (träge) tanbal
faul (Obst) püsida
Fehler ischtiboh
Feier id
feiern id kardan (kon)
feilschen sawdo kardan (kon)
Feld dascht, sahro
Fenster tireza, daritscha
Ferien ta'til
fern dur
Fernsehgerät telewizor
fertig hozir, tajjor
fest sacht
Fest id
feucht nam, tar
Feuer otasch
Fieber tab
Film filuplonka, fotonawor
finden joftan (job)
Finger anguscht
Fisch mohi
Flasche schischa
Fleisch güscht
fleißig baghajrat
fliegen paridan (par)

flirten ischqbozi kardan (kon)
Flughafen aeroport
Flugticket bilet-i samolot
Flugzeug samolot
Fluss darjo
Folklore folklor
Formular blank
Fotoapparat fotoapparat
Fotografie aks
fotografieren surat giriftan (gir)
Frage mas'ala
fragen pursidan (purs), sawol dodan (dih)
Frau zan (Mz –on); bonu (Anrede)
Fräulein düschiza
frei ozod
fremd begona
freuen chursand kardan (kon)
Freund düst
Freundin dugona
freundlich mehrubon
Freundschaft düsti
Frieden sulh
frieren chunuk chürdan (chür)
frisch (Obst) toza
fröhlich chursand, schodmon
Frucht mewa, samar
früh barwaqt
Frühling bahor
Frühstück nahori

frühstücken tahtül /
noschto kardan (kon)
fühlen his kardan (kon)
Führung ekskursija,
sajohat
für barqi
fürchten, sich (vor)
tarsidan (tars)
Fuß po, poj

G

Gabel tschangtscha,
tschangol
ganz tamoman
Garten bogh
Gas gaz
Gasse tang-kütscha
Gast mehmon
Gastfreundschaft
mehmondüsti
Gastgeber sohibchona
Gaststätte oschchona
Gebäck petschenje
Gebäude imorat, bino
geben dodan (dih)
Gebirge kühiston
Gebühr bodsh
Geburtstag rüz-i
tawallud
gefährlich chatarnok
gefallen chusch
omadan (o)
Gefängnis zindon,
chabs-chona
Gefäß zarf
Gefühl his
gegen zid

Gegend mahal
gegenüber rü ba rü-i ...
gehen raftan (raw)
Geld pul
Gemüse sabzawot
gemütlich barohat
genau anik
genug basanda
Gepäck bor, baghotsch
geradeaus rost
gern ba dshon-u dil
Geschäft (Tätigkeit)
sawdo
Geschäft (Laden)
dükon, magazin
Geschenk tühra
Geschichte (Historie)
ta'rih
**Geschichte (Erzäh-
lung)** bajon
Geschwister barodar-u
chohar
Gesellschaft
dsham'ijat
Gesetz qonun
Gespräch guftugü, gap
gestern dirüz
gesund tandurust
Gesundheit tandurusti
Getränk nüsch,
nüschoki
Gewicht wazn
Gewitter ra'd-u barq
gewöhnen, sich (an)
odat kardan (kon)
Gewürz doruwor
Gift zahr

Giftschlange mor-i
zahrdor
Glas (Trink-) stakan
Glas (Material)
schischa
glauben gumon
kardan (kon)
Glück bacht
glücklich chuschbacht
Gold zar, tillo
Gott Chudo, Olloh
Gramm gramm
Grammatik
grammatika
Gras alaf
gratulieren tabrik
kardan (kon)
Grenze sarhad
Grippe gripp
groß kalon, buzurg
Größe (Kleidung u. ä.)
andoza
Großmutter
modarkalon, bibi
Großvater bobo
Gruppe gurüh
grüßen salom dodan
(dih)
gültig e'tibornok
gut chub

H

haben doschtan (dor)
Hafen bandar
Hälfte nim, nisf
halten istodan (ist)
Haltestelle istgoh

Handel sawdo

hart duruscht

Haus chona

Hausfrau sohiba-i chona

heben baland kardan (kon)

Heftpflaster marham

heiß garm

helfen jordam kardan (kon)

hell rawschan

Herbst tiramoh

Herr dshanob

herzlich samimona

heute imrüz

hier dar hamin dsho, in-dsho; ana

Hilfe jordam

hinten dar qafo

hinter dar pasi

hoch baland

Hochzeit tüj

hoffen umed doschtan (dor)

höflich boadab

Holz tschüb

hören güsch kardan (kon)

Hotel mehmonchona

hungrig gurusna

Hygiene gigijena, behdoscht

I

ich man

ihr (2. P. Mz) schumo

ihr/e (besitzanzeig. Ez) ...-i ü, ...-i waj

ihr/e (besitzanz. Mz/ höflich) ...-i schumo, -aton

immer hamescha

impfen pajwand kardan (kon)

in (zeitlich) ba'd az

in (örtlich) dar (Dat.), ba (Akk.)

Industrie sanoat

Information achborot

informieren, sich pursidan (purs)

Insekt hascharot

Insel dshazira

interessant adshoib, schawqowar

interessieren, sich qawas dodan (dih)

international bajnalchalqi

J

ja bale, ore

Jahr sol

Jahreszeit fasl

jährlich har sol

jede/-r/-es har

jedesmal har bor

jemand jagon kas

jener on

jetzt hozir, aknun, holo

Journalist shurnalist

jung dshawon

Junge pisar

K

kalt chunuk, sard

kaputt wajron

Karte charita, naqscha

Kasse kassa

kaufen charidan (char)

kennen donistan (don), schinochtan (schinos)

Kind farzand (Mz –on), batscha (Mz -gon)

Kino kino

Kirche kaliso

Kleidung libos

klein churd

klug oqil

Kneipe piwochona

kochen puchtan (paz)

Koffer tschamadon, dshomadon

kommen omadan (o)

kompliziert murakkab

Kondom prezerwatiw

können tawonistan

Konsulat konsulchona

kontrollieren taftisch kardan (kon)

Konzert kontsert

kosten (probieren) tschaschidan (tschasch)

kosten (Preis) istodan (ist)

kostenlos bepul

krank kasal, bemor

Krankenhaus kasalchona,
bemorchona
Krankheit kasali
kühl salqin
Kühlschrank jachdon
Kunst san'at
kunstgewerbliche
Waren san'at-i chalq
kurz kütoh
küssen büsidan (büs)

lächeln tabassum
kardan (kon)
lachen (über etw.)
chandidan (chand)
Lage (geogr.) waz'ijat
Laken dshojpüsch,
malofa
Lampe lampotschka,
tscharogh
Land kischwar
Landkarte charita,
naqscha
Landschaft manzara
Landwirtschaft
chodshagi-i qischloq
lang (Entfernung)
daroz
lang(e) (Zeit) daroz
langzam ohista
langweilig ziqowar
laufen, rennen
dawidan (daw)
laut baland

leben zindagi kardan
(kon)
Leben zindagi
Lebensmittel ozuqa
ledig (Frau)
beschawhar
ledig (Mann) bezan
leer choli
legen guzoschtan
(guzor)
Lehrer muallim
Lehrerin muallima
leicht (nicht schwer)
sabuk, oson
leihen, sich (von) qarz
giriftan (gir)
lernen jod giriftan (gir),
omüchtan (omüz)
lesen chondan (chon)
Leute mardum
Licht nur
lieben düst doschtan
(dor)
Lied surud
liegen chobidan (chob)
links ba tschap
Loch süroch
Löffel qoschuq
Lohn, Gehalt muzd-i
kor
lügen durügh guftan
(gü)
lustig schod

machen kardan (kon)
Mädchen duchtar

malen rasm kaschidan
(kasch)
manchmal goh-goh,
goho
Mann mard
Markt bozor
Modikament doru
Meer bahr
mehr besch, beschtar
mein/e ...i man
Menge (Quantität)
miqdor
Mensch odam, inson
merken, sich az jod
kardan (kon)
Messer kord
mieten ba idshora
giriftan (gir)
Minute daqiqa
mit bo
Mittag nimrüzi
Mittagessen obed
Mode mod
möglich mumkin
Monat moh
morgen pagoh, fardo
Morgen subh, psgohi
Motor motor
Motorboot qaiq-i
motordor
Motorrad mototsikl
müde schalpar
Müll ochlot
Museum muzej
Musik musiqi
müssen bojad (+
Möglichkeitsform)
Mutter modar

N

nach (Richtung) ba
nach (Zeit) ba'd az, pas az
Nachmittag ba'd az peschin
Nachricht chabar
nächstes Mal bor-i digar
Nacht schab
nackt barahna
Nadel süzan
nah nazdik
Name nom, ism
nass tar
Nationalität millijat
Natur tabijat
natürlich albatta; tabii, asl
neben dar atrofi, dar pahlui
nehmen giriftan (gir)
nein ne
neu naw, toza
neugierig kundshkow
nicht ne, na
nichts hedsh, hedsh tschiz
niedrig past
niemals hedsh goh
niemand hedsh kas
nirgendwo (dar) hedsh dsho
nirgendwohin ba hedsh dsho
noch boz

noch einmal boz jak bor
Norden schimol
normal mü'tadil
nötig bojad
notwendig lozim, darkor
Nummer raqam
nur faqat

O

ob -mi
oben dar bolo
Obst mewa
oder jo
öffnen wo kardan (kon)
oft zud-zud
ohne be
Öl rawghan
Onkel amak, tagho
Organ uzw
organisieren taschkil kardan (kon)
Ort dshoj
Osten scharq
Österreich Awstrija
Österreicher(in) awstrijagi

P

paar jaktschand
Paar dshuft
Päckchen patschka
Paket posilka, amonat
Palast qasr
Panne nosozi

Papier koghaz
Park bogh, park, tschorbogh
parken tawaqquf kardan (kon)
Pass pasport
Patient bemor
Pause tanaffus
Person nafar
Pflanze rastani
Plan plan, dshadwal
Platz (Stadt) majdon
Platz (Sitz-) dshoj
Platzkarte platskarta
plötzlich nogoh, banogoh
Politik sijosat
Polizei politsija
Post(amt) potschtamt
Postkarte otkritka, ruq'a
Preis narch
privat chususi
Problem mas'ala
Programm programma, barnoma
Prospekt chijobon
pünktlich dar waqt-asch

Q, R

Qualität sifat
Radiogerät radio
Rat maslihat
rauchen papiros kaschidan (kasch)
Raum manzil

rechnen hisob kardan (kon)

Rechnung hisob

Recht huquq

rechts ba rost, ba taraf-i rost

reden gap zadan (zan)

Regen boron

Regenschirm sojabon

registrieren qajd kardan (kon)

reich boj

reif puchta

Reifen schina

Reise safar

Reisebüro bjuro-i turizm

reisen safar kardan (kon)

reparieren durust kardan (kon)

reservieren bron kardan (kon)

Rastaurant restoran

Rettungswagen jori-i ta'dshili

richtig durust

Richtung samt

roh chom

Rückfahrt roh-i bozgascht

Rucksack borchalta

rückständig aqibmonda

rufen, schreien dod zadan (zan)

Ruhe oromisch

S

Sache tschiz

sagen guftan (gü)

Salbe marham

Salz namak

sammeln dsham' kardan (kon)

Sand reg

satt ser

Satz (Grammatik) dshumla

sauber toza

sauber machen toza kardan (kon)

sauer tursch

Schallplatte qarta

scharf tez

Scheck tschek

Schere qajtschi

schicken, senden firistodan (firiston)

schießen tir andochtan (andoz)

Schiff kischti

schlafen chob kardan (kon)

Schlafsack chobchalta

Schlafzimmer chona-i chob

schlagen zadan (zan)

schlecht bad, ganda

Schloss (Bau) qal'a

Schlüssel kalid

schmackhaft bomaza

Schmerz dard

schmerzen dard kardan (kon)

Schmuck oroisch

schmutzig tschirkin

schnell tez, sur'atnok, zud

schon allakaj

schön zebo

schreiben nawischtan (nawis)

Schuh pojafzol, botinka

schuldig ajdbor

Schule maktab

Schüler talaba

Schülerin toliba

schwanger homila

Schweiz Schwejtsarija

Schweizer schwejtsarijagi

Schweizerin zanak-i/ duchtar-i schwejtsarijagi

schwer waznin

Schwester chohar

Schwester (ältere) apa

schwierig (nicht einfach) duschwar

schwimmen schino kardan (kon)

schwitzen araq kardan (kon)

See (der) kül

sehen didan (bin)

Sehenswürdigkeit dsho-i tamoschobob

Seide schohi

Seife sobun

Seil tanob

sein budan (bosch)
sein/e ...i ü, ...i waj
seit az
Seite (Richtung) taraf, bikin
Sekunde sonija
selbst chud
selten kam, goh-goh
setzen, sich schischtan (schin)
sicher e'tibornok
sie (Ez) ü, waj
sie (Mz) onho
Sie (Anrede) schumo
Silber nuqra
singen chondan (chon)
sitzen, passen (Kleidung) schinam budan (bosch)
sitzen schischtan (schin)
so hamin tawr
sofort darraw
Sohn pisar, farzand
solch/e/er/es hamin chel
sollen darkor, lozim
Sommer tobiston
Sonne oftob
sparen sarfa kardan (kon)
spät der, bewaqt
spazieren gehen gardisch kardan (kon)
Speise chürok
Speisekarte menju
spielen bozi kardan (kon)

Spielzeug bozitscha
Sport warzisch, sport
Sprache zabon
sprechen gap zadan (zan)
Spritze schpritz
Staatsangehörigkeit grashdanijat
Stadt schahr
stark zür
stehen istodan (ist)
Stein sang
Stelle, Ort dshoj
stellen mondan (mon)
sterben wafot kardan (kon)
Stil (Architekt) uslub
Stimme owoz
Stoff mato', gazwor
stören chalal rasondan (rason)
Strafe dsharima
Strand plash
Straße kütscha
Straßenbahn tramwaj
Streichhölzer gügird
streiten bahs kardan (kon)
Stück dona
Student student, donischdshu
Stunde soat
suchen dshustan (dshü)
Süden dshanub
Summe mablagh
Suppe schürbo
süß schirin

Tabak tamoku
Tablette hab
Tag rüz
täglich har rüz
Tal wodi
Tankstelle SBA (stantsija-i benzingiri-i awtomobil)
Tante chola, amma
tanzen raqs kardan (kon)
Tasche kisa
Taxi taksi
Telefon telefon
telefonieren telefon kardan (kon)
Telegramm telegramma
teuer qimat, garon
Theater teatr
tief tschuqur
Tier hajwon
Tochter duchtar
Tod marg
Toilette chalo
Toilettenpapier koghaz-i chalobob
tot murda
töten qatl kardan (kon), kuschtan (kusch)
Tradition an'ana
tragen burdan (bar)
traurig ghamgin, andühgin

treffen dutschor
schudan (schaw)
Treppe zinapoja
trinken nüschidan
(nüsch)
Trinkgeld tschojpuli
trocken chuschk
tschüss! chajr!
tun kardan (kon)
Tür dar
Turm manora, burdsh

U

über (zeitl.) ba'd az
über (örtl.) dar boloi ...
überall dar hama dsho
übermorgen pagoh-i
digar, pasfardo
übersetzen (Sprache)
tardshima kardan
(kon)
Übersetzer
tardshumon
Überweisung
pulfiristoni
übrig boqi
Uhr soat
um (zeitl.) dar
um zu ... baroi
Umgebung atrof
Umleitung roh-i
dawrodawr
umtauschen iwaz
kardan (kon)
Umweg roh-i dawrzani
Umwelt atrof, muhit-i
atrof

unbekannt noschinos
und -u, wa
Unfall awarija
Universität uniwersitet
unschuldig begunoh
unser/e i mo
unten dar pojon
unter zeri
Unterhaltung guftugü
Unterkunft chobgoh-i
umumi
unterrichten (lehren)
ta'lim dodan (dih)
unterschreiben imzo
kardan (kon)
Urlaub otpusk, ruchsat

V

Valuta, Devisen waluta
Vater padar
verabreden ahd-u
pajmon kardan (kon)
Verabredung ahd-u
pajmon
verabschieden, sich
chajr-u ma'zur kardan
(kon)
verboten (sein) man'
Verbrechen dshinojat
verdienen pul kor
kardan (kon)
vergessen faromüsch
kardan (kon)
vergnügen, sich waqt-
chuschi kardan (kon)
verirren, sich roh gum
kardan (kon)

verkaufen furüchtan
(furüsch)
verleihen (an) ba
idshora dodan (dih)
verletzt zahmdor
kardaschuda
Verletzung zahm
verlieben, sich oschiq
schudan (schaw)
verlieren (Dinge) gum
kardan (kon)
vermieten idshora
mondan (mon)
Vermittlung (Telefon)
kommutator
Versicherung sughurta
verspäten, sich der
mondan (mon)/
omadan (o)
verstehen fahmidan
(fahm)
versuchen tschaschida
didan (bin)
viel zijod, bisjor
vielleicht mumkin ast
Vogel parranda, murg
Volk chalq
voll pur
von az
vor (zeitl.) qabl az
vorbereiten tajjor/
hozir kardan (kon)
vorgestern parirüz
vorher peschaki
Vormittag pesch az
peschin
Vorname nom, ism
vorne dar pesch

vorschlagen peschnihod kardan (kon)

vorstellen (Imagination) tasawwur kardan (kon)

vorstellen, sich (mit Namen) chud-ro muarrifi kardan (kon)

Vorwahlnummer ramz-i telefoni

W

Wagen wagon

wahr durust (ast)

während dar dawom-i / zafr-i

Wald dshangal

Wand dewor

wandern gaschtan (gard)

wann? kaj?

Ware mol

warm garm, schirgarm

warten muntazir schudan (schaw)

warum? tscharo?, baroi tschi?

was? tschi?

waschen schustan (schü)

waschen, sich dast-u rü schustan (schü)

Wasser ob

Watte pachta

wechseln majda kardan (kon)

wecken bedor kardan (kon)

Weg roh

wegen ba sababi

weiblich zanona

weil baroi in/on ki, zero ki, binobar in/on ki

weinen garja kardan (kon)

weit dur

welcher? kadom?, tschi tawr?

wenig kam

wenn (als) waqte ki

wenn (falls) agar

wer? ki?

werden schudan (schaw), gardidan (gard)

wessen? az on-i ki?

Westen gharb

Wetter hawo

wichtig muhim

wie (Vergleich) barin

wie? tschi tawr?

wieder boz, digar

wiederholen takror kardan (kon)

wie viel? tschand?, tschi qadar?

Wind bod

Winter zimiston

wir mo

wissen donistan (don)

wo? kudsho?, dar kudsho?

Woche hafta

woher? az kudsho?

wohin? ba kudsho?

wohnen zindagoni kardan (kon)

Wohnung manzil

wollen chostan (choh)

Wort kalima, gap

Wörterbuch lughat

Wund zachm

wünschen talabidan (talab)

Z

zahlen pul dodan (dih)

Zahnarzt duchtur-i dandon

Zahnpasta chamira-i dandon

zeigen nischon dodan (dih)

Zeit waqt, zamon, goh

Zeitung gazeta

Zelt tschodir, chajma

Zentrum markaz

Zigarette sigaret

Zimmer chona, ütoq

Zoll bodsh

zu (+ Eigenschaftswort) beandoza

zu (nach, Richtung) ba

zu Fuß pijoda

zu viel az had zijod

zufrieden rozi

Zug pojezd

zurück ba aqib

zusammen hamroh, bo, bo ham

zwischen (dar) bajni

Wörterliste Tadschikisch – Deutsch

Wörterliste Tadschikisch – Deutsch

A

a'lo ausgezeichnet
ablah dumm
achborot Information
adres Adresse
adshnabi Ausländer, ausländisch
adshoib interessant
aeroport Flughafen
afw kardan (kon) sich entschuldigen
agar wenn (falls)
ahd-u pajmon Verabredung
ahd-u pajmon kardan (kon) verabreden
ahmak dumm
ajdbor schuldig
ajnak Brille
akkumulator Batterie
aknun jetzt
aks Fotografie
alaf Gras
albatta natürlich
allakaj schon
alo bunt
amak Onkel
amma Tante
ammo aber
amonat Paket
an'ana Tradition
ana hier
andak bisschen
andoza Größe (Kleidung u. ä.)

andühgin traurig
anglisi englisch
anguscht Finger
anik genau
apa ältere Schwester
aqibmonda rückständig
araq Alkohol
araq kardan (kon) schwitzen
arzon billig
aschpagi Durst
asl natürlich
-aton ihr/e (Mz), Ihr/e (besitzanzeigend)
atrof Umgebung
atrof Umwelt
awarija Unfall
Awstrija Österreich
awstrijagi Österreicher
awtobus Bus
az aus, durch, hin-durch, seit, von
az had zijod zu viel
az jod kardan (kon) sich merken
az kudsho woher
az on-i ki? wessen?
az puschti durch (hindurch)

B

ba (Akk.) in (örtlich)
ba zu, nach (Richtung)
ba aqib zurück

ba dshon-u dil gern
ba hedsh dsho nirgendwohin
ba idshora dodan (dih) verleihen (an)
ba idshora giriftan (gir) mieten
ba kudsho? wohin?
ba on dsho dorthin
ba rost rechts
ba sabjibi wegen
ba taraf-i rost rechts
ba tschap links
ba zudi bald
ba'd danach, dann
ba'd az in, nach, über (zeitlich)
ba'd az peschin Nachmittag
ba'ze einige
bacht Glück
bad schlecht
baghajrat fleißig
baghotsch Gepäck
bahor Frühling
bahr Meer
bahs kardan (kon) streiten
bajnalchalqi international
bajni zwischen
bajon Geschichte (Erzählung)
baland hoch, laut
baland kardan (kon) heben

b<u>a</u>le ja
balki aber
bandar Hafen
bank Bank (Geld)
banogoh plötzlich
barahna nackt
barin wie, als
 (Vergleich)
barnoma Programm
barodar Bruder
barod<u>a</u>r-u chohar
 Geschwister
barohat gemütlich
bar<u>oi</u> für, um zu ...
bar<u>oi</u> in/on ki weil
bar<u>oi</u> tschi? warum?
baromad(goh)
 Ausgang
baromadan (baro)
 aussteigen
baromadan Ausreise
baromadgoh Ausreise
barwaqt früh
bas kardan (kon)
 aufhören
basanda genug
batscha (Mz -gon)
 Kind
be ohne
beandoza zu
 (+ Eigenschaftswort)
bedor kardan (kon)
 wecken
bedor schudan
 (schaw) aufwachen
begoh Abend
begona fremd
begunoh unschuldig

behdoscht Hygiene
behtar besser
bemor krank; Patient
bemorchona
 Krankenhaus
benzin Benzin
bepul kostenlos
besch mehr
beschawhar ledig
 (Frau)
beschtar mehr
betschora arm
bewaqt spät
bezan ledig (Mann)
bibi Großmutter
bikin Seite (Richtung)
bilet Fahrkarte
bil<u>e</u>t-i samolot
 Flugticket
bim Angst
bino Gebäude
bino kardan (kon)
 bauen
binobar in darum,
 deshalb
binobar in/on ki weil
bisjor naghz
 ausgezeichnet
bisjor viel
bjuro Büro
bjur<u>o</u>-i turizm
 Reisebüro
blank Formular
bo mit, zusammen
bo ham zusammen
bo in damit
boadab höflich
bobo Großvater

bod Wind
bodsh Gebühr, Zoll
bogh Garten, Park
boj reich
bojad nötig
bojad (+ Möglichkeits-
 form) müssen
bom Dach
bomaza schmackhaft
bonu Frau (Anrede)
boqi übrig
bor Gepäck
borchalta Rucksack
b<u>o</u>r-i digar nächstes
 Mal
borik dünn
boron Regen
bot<u>i</u>nka Schuh
boz noch, wieder
boz jak bor noch
 einmal
bozi kardan (kon)
 spielen
bozitscha Spielzeug
bozor Markt
bron kardan (kon)
 buchen, reservieren
budan (bosch) sein
burdan (bar) tragen
burdsh Turm
büsidan (büs) küssen
buzurg groß

chabar Nachricht
chabs-chona
 Gefängnis

chajma Zelt

chajr! tschüss!

chajr-u ma'zur kardan (kon) sich verabschieden

chalal rasondan (rason) stören

chalo Toilette

chalq Volk

chamira-i dandon Zahnpasta

chandidan (chand) lachen (über etw.)

charidan (char) kaufen

charita Karte, Landkarte

chatarnok gefährlich

chestan (chez) aufstehen

chijobon Prospekt

chizmattschi Angestellte(r)

chob kardan (kon) schlafen

chobchalta Schlafsack

chobgoh-i umumi Unterkunft

chobidan (chob) liegen

chodshagi-i qischloq Landwirtschaft

chohar Schwester

chohisch Bitte

chola Tante

choli leer

chom roh

chona Haus, Zimmer

chona-i chob Schlafzimmer

chonawoda Familie

chondan (chon) lesen, singen

choridsha Ausland

choridshi Ausländer, ausländisch

chostan (choh) wollen

chub gut

chud selbst

Chudo Gott

chud-ro muarrifi kardan (kon) sich vorstellen (mit Namen)

chunuk chürdan (chür) frieren

chunuk kalt

churd klein

chürdan (chür) essen

chürok Speise

chürok-i schom Abendessen

chursand fröhlich

chursand kardan (kon) freuen

chusch omadan (o) gefallen

chuschbacht glücklich

chuschk trocken

chususi privat

da'wat Einladung

da'wat kardan (kon) einladen

dalel Beweis

daqiqa Minute

dar (Dat.) in (örtlich)

dar Tür

dar um (zeitl.)

dar (rüi) auf

dar atrofi neben

dar bajni zwischen

dar bolo oben, über (örtl.)

dar dawom-i während

dar hama dsho überall

dar hamin dsho hier

dar hedsh dsho nirgendwo

dar kudsho wo

dar pahlui neben

dar pasi hinter

dar pesch vorne

dar pojon unten

dar qafo hinten

dar waqt-asch pünktlich

dar zafr-i während

daracht Baum

dard Schmerz

dard kardan (kon) schmerzen

daritscha Fenster

darjo Fluss

darkor notwendig; sollen

daromadan (daro) eintreten

daromadgoh Eingang

daroz lang (Entfernung), lang(e) (Zeit)

darraw sofort

dascht Feld

dast-u rü schustan

(schü) sich waschen
dawidan (daw) laufen, rennen
dawom doschtan (dor) dauern
deh Dorf
dehqon Bauer
der spät
der mondan (mon) sich verspäten
der omadan (o) sich verspäten
dewor Wand
dialekt Dialekt
didan (bin) sehen
digar wieder
dirüz gestern
diskoteka Diskothek
dod zadan (zan) rufen, schreien
dodan (dih) geben
dodar jüngerer Bruder
doka Binde
dona Stück
donischdshu Student
donistan (don) kennen, wissen
doru Medikament
doruchona Apotheke
doruwor Gewürz
doschtan (dor) haben
duchtar Mädchen, Tochter
duchtar-i schwejtsari-jagi Schweizerin
duchtur Arzt
duchtur-i dandon Zahnarzt

dugona Freundin
dükon Geschäft (Laden)
dur fern, weit
durügh guftan (gü) lügen
duruscht hart
durust richtig
durust (ast) wahr
durust kardan (kon) reparieren
düschiza Fräulein
duschwar schwierig, nicht einfach
düst doschtan (dor) lieben
düst Freund
düsti Freundschaft
dutschor schudan (schaw) treffen
duzdi Diebstahl

DSH

dshadwal Plan
dshadwal-i harakat Fahrplan
dsham' kardan (kon) sammeln
dsham'ijat Gesellschaft
dshangal Wald
dshanob Herr
dshanub Süden
dsharima Strafe
dsharima andochtan (andoz) bestrafen
dshawob Antwort

dshawob dodan (dih) antworten
dshawon jung
dshazira Insel
dshinojat Verbrechen
dsho-i tamoschobob Sehenswürdigkeit
dshoj Ort, Stelle, Sitzplatz
dshojpüsch Laken
dshomadon Koffer
dshuft Paar
dshumla Satz (Grammatik)
dshustan (dshü) suchen

E

e'tibornok gültig, sicher
ekskursija Führung
ezoch dodan (dih) erklären

F

fabrika Fabrik
fahmidan (fahm) verstehen
familija Familienname
faqat nur
fardo morgen
faroh breit
faromüsch kardan (kon) vergessen
farzand Sohn
farzandon Kinder

fasl Jahreszeit
fireb dodan (dih)
  betrügen
firistodan (firiston)
  schicken, senden
folklor Folklore
fotoapparat
  Fotoapparat
fotonawor Film
fotoplonka Film
furüchtan (furüsch)
  verkaufen

G

ganda schlecht
gap zadan (zan) reden,
  sprechen
gap Wort, Gespräch
gardidan (gard) werden
gardisch kardan (kon)
  spazieren gehen
garja kardan (kon)
  weinen
garm heiß, warm
garon teuer
gaschtan (gard)
  wandern
gaz Gas
gazeta Zeitung
gazwor Stoff
Germanija
  Deutschland
gigijena Hygiene
giriftan (gir) nehmen,
  erhalten, bekommen
goh Zeit
goh-goh manchmal

goho manchmal
gramm Gramm
grammatika
  Grammatik
grashdanijat Staats-
  angehörigkeit
grashdanin Bürger
guftan (gü) sagen
guftugü Gespräch,
  Unterhaltung
gügird Streichhölzer
gul Blume
gum kardan (kon)
  verlieren (Dinge)
gumon kardan (kon)
  denken, glauben
gurüh Gruppe
gurusna hungrig
güscht Fleisch
güsch kardan (kon)
  hören
gusel kardan (kon)
  begleiten
guzoschtan (guzor)
  legen

GH

ghafs dick
ghamgin traurig
gharb Westen
ghorat Diebstahl

H

hab Tablette
hafta Woche
hajwon Tier

ham auch
hama alles
hamescha immer
hamin chel solch(e,
  -er, -es)
hamin tawr so
hammom Badezimmer
hamroh zusammen
haqiqi echt
har jede/-r/-es
har bor jedesmal
har rüz täglich
har sol jährlich
harf Buchstabe
hascharot Insekt
hawo Wetter
hedsh nichts
hedsh dsho nirgendwo
hedsh goh niemals
hedsh kas niemand
hedsh tschiz nichts
hikoja kardan (kon)
  erzählen
his Gefühl
his kardan (kon)
  fühlen
hisob Rechnung
hisob kardan (kon)
  rechnen
holo jetzt
homila schwanger
hozir fertig; jetzt
hozir kardan (kon)
  vorbereiten
huddshat Dokument(e)
huquq Recht

I

...-i man mein/e
...-i mo unser/e
...-i schumo ihr/e (Mz), euer/e, Ihr/e (Besitz)
...-i tu dein/e
...-i ü/waj ihr/e (Ez), sein/e (besitzanzeig.)
id Feier, Fest
id kardan (kon) feiern
idora Behörde, Büro
idshora mondan (mon) vermieten
iltimos kardan (kon) bitten
imorat Gebäude
import Einfuhr, Import
imrüz heute
imtijoz Ermäßigung
imzo kardan (kon) unterschreiben
in diese(r, s)
in-dsho hier
inson Mensch
isbot Beweis
ischqbozi kardan (kon) flirten
ischtiboh Fehler
is-hol Durchfall
ism Name, Vorname
istgoh Haltestelle
istiqomat Aufenthalt
istirohat kardan (kon) sich erholen
istodan (ist) halten, stehen (bleiben); kosten (Preis)

J

iwaz kardan (kon) umtauschen

J

jach Eis
jachdon Kühlschrank
jagon kas jemand
jak bor einmal
jak tschand einige
jakdigar-ro einander
jakka allein
jaktschand paar
jo oder
jod giriftan (gir) lernen
jod kardan (kon) sich erinnern
jodgori Denkmal
joftan (job) finden
jordam kardan (kon) helfen
jordam Hilfe
jori-i ta'dshili Rettungswagen

K

kadom? welcher?
kaj? wann?
kalid Schlüssel
kalima Wort
kaliso Kirche
kalon groß
kam selten, wenig
kame bisschen
kampal Decke (Bett)
kardan (kon) machen, tun

kasal krank
kasalchona Krankenhaus
kasali Krankheit
kasb Beruf
kaschida burdan (bar) abschleppen
kassa Kasse
kat Bett
ki als (zeitl.); dass
ki? wer?
kino Kino
kiropuli Fahrpreis
kisa Tasche
kischti Schiff
kischwar Land
kitob Buch
koghaz Papier
koghaz-i chalobob Toilettenpapier
kommutator Vermittlung (Telefonzentrale)
konsulchona Konsulat
kontsert Konzert
konwert Briefumschlag
kor kardan (kon) arbeiten
kord Messer
korgar (Mz -on) Arbeiter
kudsho wo
küh Berg
kühiston Gebirge
kühna alt (nicht neu)
kül See (der)
kundshkow neugierig
küpruk Brücke

kürpa Decke (Bett)
kuschtan (kusch) töten
kütoh kurz
kütscha Straße

L

lahdsha Dialekt
lampotschka Lampe
lekin aber
libos Kleidung
libos kaschidan (kasch) sich ausziehen
libos-i obbozi Badeanzug
lozim notwendig; sollen
lughat Wörterbuch

M

ma'lumot Auskunft
mablagh Summe
madda Eiter
magazin Geschäft (Laden)
mahal Gegend
maj Alkohol
majda kardan (kon) wechseln
majdon Platz (Stadt)
maktab Schule
malofa Laken
man ich
man' verboten (sein)
manora Turm

manzara Landschaft
manzil Raum, Wohnung
maqtub Brief
mard Mann
mardum Leute
marg Tod
marham Heftpflaster; Salbe
marka(-i potschta) Briefmarke
markaz Zentrum
mas'ala Frage, Problem
maschhur berühmt
maslihat dodan (dih) empfehlen
maslihat Rat
mato' Stoff
mehmon Gast
mehmonchona Hotel
mehmondüsti Gastfreundschaft
mehrubon freundlich
menju Speisekarte
mewa Frucht, Obst
-mi ob
millijat Nationalität
miqdor Menge, Quantität
misol Beispiel
mo wir
mod Mode
modar Mutter
modarkalon Großmutter
moh Monat
mohi Fisch
mol Ware
mol-u mulk Eigentum

mondan (mon) bleiben, stellen
mor-i zahrdor Giftschlange
moschin Auto
motor Motor
mototsikl Motorrad
mü'tadil normal
muallim Lehrer
muallima Lehrerin
muhim wichtig
muhit-i atrof Umwelt
mumkin möglich
mumkin (ast) dürfen: man darf
mumkin ast vielleicht
muntazir schudan (schaw) warten
murakkab kompliziert
murda tot
murg Vogel
musiqi Musik
muwaffaqijat Erfolg
muzd dodan (dih) bezahlen
muzd-i kor Gehalt
muzej Museum

N

na nicht
nabera Enkel
nafar Person
nahori Frühstück
nam feucht
namak Salz
namoischgoh Ausstellung

naqscha Karte, Landkarte
narch Preis
naw neu
nawischtan (nawis) schreiben
nawor-i ranga Farbfilm
nazdik nah
ne nein, nicht
nemis Deutsche(e)
nemisi deutsch
nigoh doschtan (dor) anhalten
nim Hälfte
nimrüzi Mittag
nischon dodan (dih) zeigen
nisf Hälfte
nodurust falsch
nogoh plötzlich
nom Name, Vorname
non Brot
noschinos unbekannt
noschto kardan (kon) frühstücken
nosozi Panne
nuqra Silber
nur Licht
nüsch Getränk
nüschidan (nüsch) trinken
nüschoki Getränk

O

ob Wasser
obbozi kardan (kon) baden

obed Mittagessen
ochir Ende
ochlot Müll
odam Mensch
odat Brauch
odat kardan (kon) sich gewöhnen (an)
oftob Sonne
ogohi dodan (dih) benachrichtigen
ohista langsam
oila Familie
Olloh Gott
omadan Ankunft
omadan (o) kommen
omüchtan (omüz) lernen
on jener
on dsho dort, dorthin
on waqt da
onho sie (Mz)
oqil klug
ore ja
oroisch Schmuck
oromisch Ruhe
oschchona Gaststätte
oschiq schudan (schaw) sich verlieben
oschjona Etage
oson leicht, nicht schwer
otasch Feuer
otkritka Postkarte
otpusk Urlaub
owardan (owar) bringen
owoz Stimme

ozod frei
ozuqa Lebensmittel

P

pachta Watte
padar Vater
padar-u modar Eltern
pagoh morgen
pagoh-i digar übermorgen
pahn breit
pajwand kardan (kon) impfen
papiros kaschidan (kasch) rauchen
paridan (par) abfliegen, fliegen
parirüz vorgestern
park Park
parom Fähre
parranda Vogel
pas az nach (Zeit)
pasfardo übermorgen
pasport Ausweis, Pass
past niedrig
patschka Päckchen
pesch az bevor
pesch az peschin Vormittag
peschaki vorher
peschi bei
peschnihod kardan (kon) vorschlagen
petschenje Gebäck
pijoda zu Fuß
pir alt; Alte(r)
pisar Junge, Sohn

pi̱wo Bier
piwochona Kneipe
plan Plan
plash Strand
platfo̱rma Bahnsteig
platska̱rta Platzkarte
po/poj Fuß
pojafzol Schuh
po̱jezd Zug
poli̱tsija Polizei
posi̱lka Paket
potschtamt Post(amt)
prezerwatiw Kondom
psgohi Morgen
puchta reif
puchtan (paz) kochen
pul Geld; Brücke
pul dodan (dih) zahlen
pul kor kardan (kon)
  verdienen
pulfiristoni
  Überweisung
pu̱l-i naqd Bargeld
pur voll
pursidan (purs) fragen,
  sich informieren
püsida faul (Obst)

Q

qabat Etage
qabl az vor (zeitl.)
qabul kardan (kon)
  empfangen
qaiq Boot
qajd kardan (kon)
  registrieren
qajtschi Schere

qal'a Burg, Schloss
  (Gebäude)
qalam(-i midod)
  Bleistift
qaror dodan (dih)
  entscheiden
qarta Schallplatte
qarz giriftan (gir) sich
  leihen (von)
qasr Palast
qatl kardan (kon)
  töten
qawas dodan (dih)
  sich interessieren
qimat teuer
qi̱sm-i ehtijoti
  Ersatzteil
qonun Gesetz
qoschuq Löffel

R

ra̱'d-u barq Gewitter
ra̱dio Radiogerät
raftan (raw) gehen,
  (ab)fahren, abreisen
rahmat guftan (gü)
  danken
rahmat danke
ra̱ht-i chob Bettzeug
ra̱mz-i telefoni
  Vorwahlnummer
rang Farbe
raqam Nummer
raqs kardan (kon)
  tanzen
rasidan (ras)
  ankommen

**rasm kaschidan
  (kasch)** malen
rastani Pflanze
rawghan Öl
rawschan hell
reg Sand
restoran Restaurant
rischta Faden
roh Weg
roh gum kardan (kon)
  sich verirren
ro̱h-i bozgascht
  Rückfahrt
ro̱h-i dawrodawr
  Umleitung
ro̱h-i dawrzani Umweg
ro̱h-i ohan Eisenbahn
rost geradeaus
rozi einverstanden,
  zufrieden
rü ba rü̱-i ... gegenüber
ruchsat dodan (dih)
  erlauben
ruchsat Erlaubnis;
  Urlaub
ruq'a Postkarte
rüz Tag
rü̱z-i tawallud
  Geburtstag

S

sabuk leicht
sabzawot Gemüse
sacht fest
safar Reise
safar kardan (kon)
  reisen

saforat Botschaft (dipl.)

sahro Feld

sajohat Führung

salom dodan (dih) grüßen, begrüßen

salqin kühl

samar Frucht

samimona herzlich

samolot Flugzeug

samt Richtung

san'at Kunst

sang Stein

sanoat Industrie

sar kardan (kon) anfangen

sard kalt

sardor Chef

sarfa kardan (kon) sparen

sarhad Grenze

sawdo Geschäft (Tätigkeit), Handel

sawdo kardan (kon) feilschen

sawol dodan (dih) fragen

sawor schudan (schaw) einsteigen

SBA (st̲a̲ntsija-i benzingir̲i̲-i awtomobil) Tankstelle

ser satt

sifat Qualität

sigaret Zigarette

sijosat Politik

sin Alter (Lebens-)

sina Brust (weibl.), Brust(korb)

soat Stunde, Uhr

sobun Seife

sodda einfach

sodirot Ausfuhr

sohib Besitzer

sohib̲a̲-i chona Hausfrau

sohibchona Gastgeber

sohtan (soz) bauen

sojabon Regenschirm

sokin Einwohner

sol Jahr

sonija Sekunde

sport Sport

spr̲a̲wka Auskunft

stakan (Trink-)Glas

student Student

subh Morgen

süchtor Brand

sughurta Versicherung

sühtan (süz) brennen

sulh Frieden

suporisch Bestellung

suporisch dodan (dih) bestellen

sur'atnok schnell

surat giriftan (gir) fotografieren

süroch Loch

surud Lied

süzan Nadel

SH, SCH

shurnalist Journalist

schab Nacht

schahr Stadt

schalpar müde

scharob Alkohol

scharq Osten

schawhar Ehemann

schawqowar interessant

schikasta kuschondan Einbruch

schikojat kardan (kon) sich beschweren

schimol Norden

sch̲i̲na Reifen

schinam budan (bosch) sitzen, passen (Kleidung)

schino kardan (kon) schwimmen

schinochtan (schinos) kennen

schinos schudan (schaw) sich bekannt machen

schirgarm warm

schirin süß

schischa Glas (Material); Flasche

schischtan (schin) sich setzen, sitzen

schitob kardan (kon) sich beeilen

schod lustig

schodmon fröhlich

schofjor Chauffeur

schohi Seide

schpritz Spritze

schudan (schaw) werden

schumo Sie

schürbo Suppe

schustan (schü)
waschen

Schwejtsarija Schweiz

schwejtsarijagi
Schweizer

T

ta'lim dodan (dih)
unterrichten, lehren

ta'mirchona-i awtomo-bil Autowerkstatt

ta'rih Datum;
Geschichte (Historie)

ta'til Ferien

tab Fieber

tabassum kardan (kon) lächeln

tabii natürlich

tabijat Natur

tabobat kardan (kon)
behandeln

tabrik kardan (kon)
gratulieren

taftisch kardan (kon)
kontrollieren

tagho Onkel

tahkir kardan (kon)
beleidigen

tahminan etwa

tahtül kardan (kon)
frühstücken

tajjor fertig

tajjor kardan (kon)
vorbereiten

takror kardan (kon)
wiederholen

taksi Taxi

talaba Schüler

talabidan (talab)
wünschen

talaffuz Aussprache

tamoku Tabak

tamom kardan (kon)
beenden

tamoman ganz

tamoscho kardan (kon) besichtigen

tanaffus Pause

tanbal faul (träge)

tandurust gesund

tandurusti Gesundheit

tang eng

tang-kütscha Gasse

tanob Seil

tar feucht, nass

taraf Seite (Richtung)

tardshima kardan (kon) übersetzen (Sprache)

tardshumon Dolmet-scher, Übersetzer

tars Angst

tarsidan (tars) sich fürchten (vor)

tasawwur kardan (kon)
sich vorstellen (Imagination)

taschakkur guftan (gü)
danken

taschakkur danke

taschkil kardan (kon)
organisieren

tawaqquf kardan (kon)
parken

tawonistan können

teatr Theater

telefon Telefon

telefon kardan (kon)
telefonieren

telegramma
Telegramm

telewizor Fernsehgerät

tez scharf; schnell

tillo Gold

tir andochtan (andoz)
schießen

tiramoh Herbst

tireza Fenster

to bis

tobiston Sommer

toliba Schülerin

torik dunkel

toza kardan (kon)
sauber machen

toza neu, sauber;
frisch (Obst)

tramwaj Straßenbahn

tu du

tuchm Ei

tühfa Andenken,
Geschenk

tüj Hochzeit

tunuk dünn

tursch sauer

TSCH

tschamadon Koffer

tschand einige

tschand? wie viel?

tschangol Gabel

tschangtscha Gabel

tscharo? warum?

tscharogh Lampe
**tschaschida didan
(bin)** versuchen
**tschaschidan
(tschasch)** kosten
(probieren)
tschek Scheck
tschi? was?
tschi qadar? wie viel?
tschi tawr? welcher?,
wie?
tschirkin schmutzig
tschiz Ding, Sache
tschize etwas
tschodir Zelt
tschojpuli Trinkgeld
tschorbogh Park
tschüb Holz
tschuqur tief

U, Ü

-u und
umed doschtan (dor)
hoffen
uniwersitet Universität
uslub Stil (Architekt)
uzw Organ
ü er, sie (Ez)
ütoq Zimmer

W

wa und
wafot kardan (kon)
sterben
wagon Wagen
waj er, sie (Ez)

wajron kaputt
wale aber
waluta Valuta, Devisen
wannachona
Badezimmer
waqt Zeit
**waqtchuschi kardan
(kon)** sich vergnügen
waqte ki wenn, als
(zeitlich)
waraq Blatt
warzisch Sport
wase' breit
waz'ijat Lage (geogr.)
wazn Gewicht
waznin schwer, nicht
leicht
welosiped Fahrrad
wo kardan (kon)
öffnen
wodi Tal
wokzal Bahnhof
wongah dann
woqea Ereignis
worid schudan (schaw)
ankommen
woridot Einfuhr, Import
wosita-i naklijot
Fahrzeug

Z

zabon Sprache
zachm Wund
zadan (zan) schlagen
zahm Verletzung
zahmdor kardaschuda
verletzt

zahr Gift
zamin Erde
zamon Zeit
zan (Mz -on) Frau,
Ehefrau
zanak-i schwejtsarijagi
Schweizerin
zanona weiblich
zan-u schawhar
Ehepaar
zar Gold
zarf Gefäß
zarur ast brauchen:
man braucht
zebo schön
zeri unter
zero ki weil
zid gegen
zijod viel
zijorat kardan (kon)
besichtigen,
besuchen
zijorat Besuch
zimiston Winter
zinapoja Treppe
zindagi Leben
zindagi kardan (kon)
leben
zindagoni kardan (kon)
wohnen
zindon Gefängnis
ziqowar langweilig
zud bald, schnell
zud-zud oft
**zukom schudan
(schaw)** erkältet sein
zur dringend
zür stark

Der Autor

Michael Korotkow, Diplom-Physikinge-nieur, Jahrgang 1948, lebt und arbeitet zurzeit in Sibirien (Russland). Dieser Wohnsitz und seine Hobbys (Reisen, Nationalkulturen, Sprachen, Journalismus) erklären sein Interesse an der tadschikischen Sprache und Kultur.

Als Globetrotter hat er viele Länder besucht und einige Sprachen erlernt, als Freizeitjournalist Bücher und viele Artikel in verschiedenen Ländern veröffentlicht.

Im Reise Know-How Verlag sind von ihm die Bände „Usbekisch" und „Tatarisch" in der Kauderwelsch-Reihe erschienen.